I0622711

El amor pone las cosas en su lugar

Un libro espiritual especial

por Mary- Eisa

Acerca de: Sanar el estrés y el trauma
Síndrome de la madre desdeñosa

Libros escritos por Mary-Eisa

Una historia de amor, perdón y
oraciones Encontrando la bondad de
Dios

El amor pone las cosas en su lugar
(es una versión ampliada de *Finding
God's Goodness* con capítulos y
notas adicionales.

El amor pone las cosas en su

lugar

Cuando una madre no puede amar o
abrazar a su hijo.

María- Eisa

El amor pone las cosas en su lugar

Derechos de autor © 2023 por Mary Eisa.
Todos los derechos reservados bajo las Convenciones Internacional y Panamericana de Derecho de Autor. Publicado en Estados Unidos. Derechos de autor de la Biblioteca del Congreso. Todos los derechos están reservados, excepto las citas breves y los poemas; Ninguna parte de este libro puede ser reimpresa o reproducida sin el permiso del editor. Todas las ilustraciones, el diseño y las imágenes son obra del autor
Contacto: mary-eisa.com

Este libro es una versión extendida de "Encontrando la bondad de Dios". (Con capítulos y notas añadidos)

A menos que se indique lo contrario, las citas de las Escrituras se toman de la Nueva Biblia Anotada de Oxford, Nueva Versión Estándar Revisada, derechos de autor de 1991 y de la Biblia de la Versión King James. Todo lo escrito en este libro es neutro en cuanto al género, hace referencia a otro momento de la historia, y nunca tuvo la intención de ofender a nadie.

Publicado por Ingraham Sparks, 2023

ISBN: Rústica: 9798-988-2990 5-9
ISBN: eBook: 979-8-988-2990-6-6
ISBN: Tapa dura: 979-8-988-2990-7-3
ISBN: Español: 97989882990-8-0

Dedicación

Mi más sincero agradecimiento y amor duradero
para mi querido esposo, Frank. Él hace que todo esto
sea posible. Estoy muy agradecida por la
preciosidad de la familia, mis hijos, mis queridos
nietos, amigos y el regalo de la vida para todos
nosotros.

Bendiciones y gratitud a mi maestra espiritual,
Kavika, a quien tengo la bendición de haber conocido.
Mi oración es que este libro refleje las verdaderas
enseñanzas de Jesús.

Y a mis queridísimos amigos guerreros de la Oración.
Juntos, oramos, y juntos, compartimos, como juntos,
todos amamos.

Capítulos

Segunda Parte: Índice de Oración

Capítulo Primero

Introducción

Introducción

Esta historia comienza en una pequeña comunidad de unas 200-300 personas. Una comunidad donde el alguacil y la fuerza policial suman una persona, el alguacil, que generalmente se encontraba sentado en el ventanal de su sala de estar viendo su juego de pelota favorito. No había necesidad de más, ya que la ola de crímenes más significativa era la redada nocturna de los adolescentes locales para quitar el letrero de la gasolinera y el mercado local para navegar por las altas y nevadas colinas invernales. ¡Oh, qué divertido! Detrás de las puertas de cada casa de campo había probablemente una familia similar a la mía. Crecí con mi madre y mi padrastro, ya que mis padres se divorciaron cuando yo tenía apenas dos años. Fue un divorcio amargo y mi hermana se fue a vivir con su padre. Lamentó la pérdida de su madre, pero fue muy querida por su padre y su familia. Nunca nos volvimos a ver hasta que fuimos adolescentes. Vivir con mi madre fue un reto, ya que era lo que yo llamaría emocionalmente frágil. Por alguna razón, nunca supe que ella no podía abrazarme o ser emocionalmente expresiva conmigo. Si

Desencadenada por el miedo, podía ser explosiva, pero afortunadamente, parecía muy feliz y más tranquila con su nuevo esposo.

Aquí es donde comienza esta historia, ya que, a puerta cerrada, nuestro hogar parecía feliz y normal, y, en la mayoría de los sentidos, era solo eso. Mi infancia se volvió problemática debido a los problemas de mi madre. Mi querida madre no podía ser madre de un hijo, ni consolarla, ni ser físicamente afectuosa. Ella no permitía las lágrimas, y antes, después de su divorcio, causó una terrible lesión que requeriría cirugías cuando mi cuerpo hubiera madurado. A su manera, intentó y amó todo lo que pudo. Teníamos una casa encantadora con todo para una buena vida, y estoy agradecido por eso y por mis padres.

Sin embargo, nunca haber sentido la calidez de ser amada, besada y abrazada me dejó vagando por la vida sin objetivo y preguntándome qué me pasaba para no ser amada. Cuando tenía treinta años, tomaba tantos medicamentos recetados para mi corazón y mi cuerpo que finalmente corrí en busca de mi salvación y ayuda.

Cuento mi historia mientras realizo mis caminatas diarias por la naturaleza. Durante estas caminatas, grabo mis recuerdos mientras revivo mi historia, incluidos los cuatro pasos de sanación, graduarme de estudios religiosos cristianos avanzados y continuar trabajando durante más de una década con otros en oración. También estudié otras religiones y traté de aprender todo lo que pude. Estaba en un viaje para entender a Dios y encontrar el gozo que Dios había querido para mí y para todos. Descubrí que no estaba en las religiones, sino en mi corazón; Dios tenía que ver con el amor. Esta es la historia de ese viaje de Sanar las Lágrimas del Trauma: encontrar la bondad y la felicidad que todos merecemos. La bondad que encontré en mi vida y que ahora deseo compartir a través de este libro.

Segunda parte: En el libro se incluyen las muy especiales Cartas de Sophie. Sophie es una joven europea que fue atacada, y me pidieron que ayudara a guiar su recuperación. He compartido dos de las cartas de Sophie que fueron parte de mi ministerio para ayudarla a sentir el poder de Dios en su vida y para sanarla y fortalecerla.

Tercera parte: Estas son hermosas oraciones de mi libro de oraciones, junto con citas y poemas favoritos agregados.

Reseña independiente del libro

"Además de compartir consejos sobre cómo perdonarse a sí mismo y a los demás, Mary-Eisa comparte oraciones para ayudar a fortalecer su relación con Dios y reconocer lo que significa ver, comunicarse y creer verdaderamente en su próximo paso. –Toni Woodruff

Prólogo

Mis padres se divorcian

El divorcio de mis padres

Los niños buscarán encontrar el amor de un millón de maneras cuando el amor se retiene o se pierde. A veces, puede tomar toda su vida para llegar a la paz con su pasado perdido y aprender a aceptar las partes perdidas de la infancia y la identidad con las personas que las crearon. Comprender y aceptar la humanidad de mis padres se convirtió en un viaje de casi toda la vida, y para encontrar mi auténtico yo, aprender a confiar de nuevo y avanzar hacia un lugar de paz conocido solo por Dios a través del Amor.

Éramos una familia que alguna vez disfrutó estar junta con parientes y amigos que iban y venían constantemente. Abuelas que venían y les encantaba llevar a mi hermana a almorzar, y un padre que llegaba a casa del trabajo con manjares escondidos en los bolsillos esperando ser descubiertos. A mi hermana le gustaba viajar con su padre en su motocicleta antes de la cena. Mi costumbre de quedarme atascado contra una pared cuando me balanceo con demasiada fuerza en mi pequeña mecedora. Una familia llena de vida hasta que una tarde mi madre se fue de repente, solo con ella

determinación de comenzar una nueva vida y
llevarme solo a mí con ella.

Capítulo Primero

¡Un hermoso día!

¡Un hermoso día!

Gracias, Dios, por este hermoso día.
Los pájaros cantan,
Las hojas bailan en las suaves brisas, el sol brilla
intensamente,
Como nubes blancas y esponjosas
Déjate llevar divinamente por el cielo azul claro.
Oh, gracias por este glorioso día.
¡Que así sea!

¡Buenos días!

Esta es mi nueva mañana. Es un nuevo día glorioso; Cada mañana es única, fresca y creada por los cielos solo para que nos maravillemos.

Me desperté temprano esta mañana, pensando que comenzaría mi caminata diaria antes de que llegara el calor del día. El nuevo clima extremo, principalmente después del COVID-19, ha sido un cambio tanto para jóvenes como para mayores. Yo pertenezco a esta última categoría, siendo uno de esos molestos boomers. Aun así, éramos un grupo resistente que pasaba por tiempos hermosos y tiempos que no lo eran. Entonces, ¿no es

¿De qué se trata la vida, de moverse a través de cualquier cosa que la vida se nos presente?

Sentada en la cama, empiezo mi día con Dios. Me gusta planear el día creando la intención de mi día con Dios.

Buenos días, Señor; Les agradezco por este día y por la oportunidad de compartirlo todo con ustedes. A medida que avanzo en mi día, rezo para ser su instrumento. Que pueda tener éxito en todas las tareas que tengo por delante y ver todo como un regalo tuyo. Por favor, ayúdame a mantener mis ojos abiertos y solo en ti mientras voy a salvo en este día. Amén.

Después de terminar el desayuno, salí para comenzar mi caminata matutina, agarrando mi taza de té mientras salía por la puerta. Será otro día cálido y húmedo, así que empiezo antes de lo habitual. A medida que avanzo por el sendero boscoso, el frescor de las primeras horas aún persiste. El aire era fresco y solo podía ver un manto de nubes blancas sólidas mientras miraba al cielo. Las nubes bloqueaban el sol de la mañana, añadiendo casi un toque espeluznante al día, con una niebla blanca cayendo a mi alrededor. Cuando era niño, corría al bosque para sentir el susurro de una brisa soplando a través de los pinos y oliendo sus aromas especiados. Caminé por el suelo del bosque, rozando mis zapatos entre las agujas de los pinos, las raíces, las ramas rotas y las hojas vibrantes teñidas de muchos colores. El bosque era mi lugar para desatar los nudos de la escuela y escapar de las mezquindades de cada día. Todos los días, me topaba con un mundo que era un organismo cósmico vivo, que respiraba y era sensual. Un carácter espiritual impartido por la naturaleza que me di cuenta de que era parte de mi vida espiritual. Todo podía comunicarse, y podía sentir la vitalidad y la sensación de que se avecinaba una tormenta mientras los árboles y el reino animal predecían sus advertencias.

Sepan que el mundo entero es un espejo; En cada átomo se encuentran cien soles resplandecientes. Si divides el centro de una sola gota de agua, brotan cien océanos puros. Se pueden ver mil Adams si se examina cada partícula de polvo.
—Mahmud Shabistan

Recientemente me pidieron que pensara en contar mi historia como parte de mi ministerio que podría ayudar a otra persona con una familia emocionalmente frágil. Hoy, mientras caminaba, llevaba una grabadora para capturar mis pensamientos, meandros y recuerdos. Más adelante decidiré cómo transcribir las cintas. Mientras tanto, me voy a dar mi típico paseo matutino.

He oído decir que la danza de la vida podría comenzar a los ochenta años, pero creo que tal vez comience desde el principio. El día que nacemos y conocemos por primera vez, a las dos personas que nos crearon. Nuestro vínculo comienza en esos primeros momentos cuando nuestro viaje físico como familia da sus primeros pasos. Mis padres se han ido hace muchos años. Nuestros años fueron turbulentos, pero aun así, estuvieron llenos de muchas alegrías, y desearía sinceramente que hubiéramos tenido más tiempo para compartir en el que pudiéramos habernos entendido y amado más juntos. Jesús dijo: "Honra a tu madre y a tu padre", y no mencionó ninguna excepción.

Mis padres pertenecían naturalmente a un grupo diferente al mío, ya que habían tenido las experiencias y los valores sociales de su generación. Cada generación parece tener su objetivo y su destino, esforzándose colectivamente por alcanzar su intención. Debo asumir que cada período generacional es necesario para avanzar al siguiente paso. Ellos cada uno debe cumplir su promesa y guión para preparar a la próxima generación que le seguirá. Hoy en día, nos apoyamos en los hombros de nuestros antepasados, bendecidos por tener la tecnología avanzada para aprender de la historia y hacer avanzar a nuestra generación hacia el posterior (con suerte) mayor avance espiritual.

La generación de mis padres tuvo una historia turbulenta, con guerras, depresión y muchas restricciones a la humanidad. Hoy en día, todavía nos enfrentamos a algunos viejos encuentros con los nuevos desafíos añadidos de nuestro mundo tecnológicamente en gran crecimiento. Su mundo y su vida deben haber progresado con gran inquietud, viviendo a través de todas las carencias económicas y el miedo de un país en guerra. Su generación se ha ganado mi enorme respeto y gratitud.

Si vamos a creer en un mundo caído de almas caídas, entonces nuestra Biblia es fundamental para darnos las reglas y leyes que guían nuestro comportamiento y nos llevan a un lugar mejor en la evolución de nuestra alma, *donde podemos alcanzar la medida y la estatura completa de Cristo.*

Efesios 4:13

Del mismo modo, mis pensamientos se deslizan sin esfuerzo hacia nuestra constitución, escrita en un tono bíblico para darnos las reglas y leyes que necesitamos para florecer pacíficamente en una república ordenada. Mientras nosotros, como individuos, nos esforzamos por convertirnos en seres espirituales superiores, nuestro país también busca alcanzar niveles más altos de conciencia para que podamos vivir juntos en paz unos con otros y con el mundo. Nuestra constitución nos guía para resolver nuestras diferencias a través de la comunicación, nuestras leyes y la voluntad de respetar las muchas diferencias de cada uno en nuestra lucha por vivir juntos en armonía. Tanto individualmente como país, todo y todos parecen ir unos pasos hacia adelante y luego unos pasos hacia atrás: el flujo y reflujo de las personas, el gobierno y el planeta. Siempre me sorprende cómo todo funciona en conjunto para crear una matriz casi maravillosa para nosotros como individuos y nuestro mundo. Este es el lugar donde vivimos y criamos a nuestras familias. *Esta es nuestra gran escuela.*

Mientras caminaba, noté que mi mente estaba de nuevo divagando como tanto le gusta hacer, y sonriéndome a mí mismo, regresé al presente, poniendo una conciencia de los pájaros cantando a coro por todo el bosque. Cuando escucho el canto de un pájaro, escucho una oración. Mensajeros de Dios cantando el canto de sus pájaros, remontando el cielo entre el cielo y la tierra y sentados entre los árboles más altos. Su canto llena el aire; Nos hablarán de su sabiduría si los escuchamos. Por la noche, un búho canta una melodía de ululares como meditación sobre el amor si escuchamos. Si escuchamos, la voz de la naturaleza hablará para cantarnos una canción milagrosa.

A medida que continuaba el resto de mi caminata, sentí tranquilidad dentro de mi alma y reverencia por una tarea importante que tenía por delante. La noche anterior, recibí una llamada telefónica pidiéndome que escribiera y ayudara a una joven en una terrible crisis. Tenía la esperanza de que mis experiencias de vida pudieran ser útiles para ella. El llamado creó casi un renovado despertar de los males del mundo. Me había llevado muchos años sanar el dolor de mi infancia y finalmente alcanzar un lugar de paz, para que mi corazón se elevara y encontrara toda la bondad de Dios disponible para todos nosotros. Sin embargo, todo lo que hemos experimentado en la vida puede ser importante para ayudar a alguien más. Sería un honor ofrecer y hacer todo lo posible para ayudar a Sophie a llegar a un lugar de

La paz, también. Creo que cuando algo se nos presenta, tiene un propósito. Así que, con la ayuda de Dios, haré todo lo posible.

Salté por el último camino de mi caminata del día. Me sentí bien por dentro porque había decidido seguir grabando y recordar los años de trabajo de sanación.

Todos los ríos desembocan en el mar, pero el
mar no está lleno;
al lugar de donde vienen los ríos,
De allí regresan de nuevo.
—La Biblia, Eclesiastés

Nada es más esencial para la oración que la atención.

–Evagrio el Solitario, monje y asceta del siglo IV.

Capítulo Segundo

Profundizando en el interior

Profundizando en el interior

Han pasado varias semanas y he sentido una quietud en el alma. Los recuerdos de mi pasado ahora son solo recuerdos de una vida vivida hace mucho tiempo y ya no conllevan sentimientos de dolor o arrepentimiento.

Hoy era nuevo, y podía sentir que el clima de la mañana se enfriaba mientras el aire tenía un frío definitivo. Las nubes se movían, exponiendo el sol a un nuevo esplendor e invitando a la luz y al calor a través del paraguas de hojas moteadas que se alzaba sobre sus cabezas. La prosperidad que cubre mi cuerpo y hombros se siente encantadora mientras me envuelvo con más fuerza en mi chal mientras continúo mi caminata. He enviado mi primera carta a Sophie. Las alas del correo lo están llevando para llegar a ella en su remoto hogar pronto, tan lejos de aquí. No puedo evitar rezar por un día en el que los pensamientos de dañar a otra alma ni siquiera pasen por la mente de otra persona.

Mientras camino, recuerdo el terrible incidente con mi madre. Después del divorcio de mi madre, fueron meses muy difíciles. Mi madre estaba sola conmigo durante lo que debe haber sido un momento terrible para ella. Planeaba volver a casarse tan pronto como terminara la guerra y, por supuesto, eso dependería de que él regresara a casa sano y salvo. Yo no tenía ni dos años en ese día en particular, y estábamos solos en una habitación. Estaba armando un verdadero alboroto, queriendo irme a casa. El divorcio no era algo que yo pudiera entender. Mi equipaje de mano no era lo que ella quería escuchar cuando explotó con su puño y una botella rompiéndose en el centro de mi cara. Había tanta fuerza con su adrenalina que no fue hasta meses después que todos comenzaron a notar que mi nariz no se estaba curando. El puente estaba dañado y el cartílago y el tejido de la nariz ya no se desarrollaban a medida que la cara maduraba. En mi caso, el trauma causó daños irreversibles en el tejido, el cartílago y la pérdida de la función, ya que el trauma activa el sistema inmunológico y altera el comportamiento de las células madre. Pensé que mi nariz *estaba congelada en el tiempo en el momento en que* sucedió. Quizás, de alguna manera, mi espíritu también estaba congelado en el tiempo.

Mi madre me llevó en tren a la casa de su madre para que la cuidaran hasta que se obligado a ingresarme en el hospital. Las consultas del médico continuaron con muchas preguntas sobre lo sucedido; sin embargo, mi abuela se aferró a su historia de que acababa de caer. Algunas cosas podrían haber ayudado entonces, pero los médicos necesitaban saber los hechos de lo que sucedió. Más tarde, cuando mi rostro parecía exteriormente curado, mi abuela me devolvió a mi madre, lo que tuvo que ser un trauma más emocional. A mi padre nunca le dijeron lo que pasó.

Después de que mis padres se divorciaron y la guerra terminó, mi madre se casó con el hombre que había estado esperando mientras servía en la Marina. Su nuevo esposo había estudiado para ser sacerdote episcopal antes de ser reclutado para la Segunda Guerra Mundial. Su familia era muy espiritual y una bendición para ambos. Pensaba en él como nuestro *verdadero norte*. Él amaba mucho a mi madre, y su amor se expresaba constantemente, ya que cualquiera podía ver su brillo y su comportamiento más tranquilo. Estaban muy envueltos el uno en el otro. Este matrimonio dio inicio a nuestra nueva vida familiar. Juntos, crearíamos el flujo y reflujo de nuestras vidas. Creo que mi madre y mi padrastro, a quienes pronto llamaría papá, hicieron todo lo posible para apoyarlos y hacer mi vida normal a pesar de los desafíos a los que me enfrentaría. Sentí que papá estaba tratando de construir una vida mejor tanto para mi madre como para mí. Él sabía que ella tenía problemas y era muy insegura, pero creo que pensó que ella sanaría de sus discapacidades emocionales con suficiente amor y amabilidad. El amor es un gran sanador, y una vez que llegó a nuestras vidas, mi madre estaba mucho más tranquila y genuinamente feliz. Sin embargo, todavía quedaba el elefante en la habitación, del que nunca se habló.

Durante la vida de mi madre, nunca habló de lo que me pasó y parecía incapaz de afrontarlo. Mi madre y su madre, mi abuela, incluso trataron de crear una historia de que el daño se debía a un defecto congénito que apareció a medida que crecía. Necesitaban una historia para que mi hermana pudiera vivir con nosotros que, con suerte, satisficiera a mi padre cuando viera mi cara. Si ella vivía con nosotros, habría que permitirle visitarme y verme. Por supuesto, todavía quedaba el pequeño asunto de que mi madre le había negado a mi padre cualquier derecho de visita que el tribunal le había concedido. A cambio, se negó a pagar la manutención de los hijos. Cómo estas dos partes iban a resolver estos problemas, nunca lo sabré ya que mi hermana no se quedó.

Sin embargo, su historia me hizo sentir abusada de nuevo. En política, afirman que no es el crimen sino el encubrimiento lo que causa el mayor problema. También puede ser así en las familias, pero siempre se trata de miedo. El miedo a que los demás supieran lo que había pasado y los problemas de mi madre. Sin embargo, mi padrastro anunció que nunca mentiría y que diría la verdad si se lo pidieran. Es posible que haya reconocido sabiamente que la verdad se descubriría si alguien interrogaba a los médicos. Mi padre también conocía el temperamento de mi madre y tenía una cicatriz que lo demostraba. Así que mi hermana me visitó durante una semana y luego tuvo que volver con su padre.

Mi abuela nunca habló de mi madre por tener mal genio; Sin embargo, debe haber habido evidencia de esto cuando era niño. Estos problemas generalmente se remontan a la infancia y a menudo son parte de un patrón de disfunción familiar. Conocía a mi abuela como una persona muy cariñosa y cariñosa. Sin embargo, en sus años de juventud tenía fama de ser muy difícil y su hija menor la describía como un terror sobre ruedas. Sospecho que los problemas de mi madre se remontan a su madre y tal vez incluso a su abuela. Sin embargo, la acción estaba hecha, y el único camino que me quedaba era seguir adelante. Tuve que vivir todo lo mejor que pude.

Cuando tuve la edad suficiente para ingresar a la escuela, sufrí acoso e insultos, pero aún así me las arreglé para avanzar al siguiente nivel de grado. Incluso me convertí en Brownie y tuve una amiga muy querida, Elizabeth, a quien conocí en la iglesia. Mis primeros años de escuela dominical los pasé en una hermosa iglesia episcopal, donde mi nuevo papá cantaba regularmente en el coro de la iglesia. Sentarme con mis amigos de la escuela dominical y verlo cantar con su distinguida túnica detrás de la elaborada barandilla del coro fue divino. Tenía una voz hermosa y profunda. Me quedé en la reunión sintiéndome inmensamente orgulloso. Alrededor de los diez años, nos mudamos al campo, donde asistí a una iglesia unitaria, ya que era la única iglesia en nuestro pequeño entorno rural. Nuestra casa estaba situada remotamente en una pequeña colina frente a acres de prados y bosques. Todas las mañanas de verano, me encantaba correr por un campo abierto salpicado de una gran variedad de flores silvestres y donde un tractor

Cada primavera araba para crear una gran sección donde se plantaban los cultivos de jardín de la temporada. Hileras de judías y tomateras cubrían el suelo de color y verduras mientras bañaban la tierra con toda la abundancia de la naturaleza. Arrebaté jugosos tomates y pepinos crujientes de sus enredaderas para llenarme los bolsillos y llevarlos conmigo al bosque.

"No sé distinguir entre nuestra vida de vigilia y un sueño. ¿No estamos viviendo siempre la vida que imaginamos que somos? El miedo crea peligro y el coraje lo disipa". –Henry David Thoreau.

Más allá de la pradera abierta había un camino sencillo para adentrarse en el glorioso bosque perfumado de bosques. A mitad de camino había un arroyo donde a veces me sentaba a observar presas ingeniosamente tejidas creadas diligentemente por la arquitectura de los castores. Ardillas, conejos, ciervos, alces y mapaches corrían libremente, incluso con avistamientos ocasionales de osos negros. Era un paraíso para el reino animal, donde las mariposas de todos los colores cubrían el campo espléndidamente, un mundo en el que yo nos sintonizamos con las profundidades invisibles de la vida que nos rodeaban. Un bosque perfecto de cien acres de Winnie the Pooh en nuestro patio trasero y cosmos donde la tierra nutre sus semillas para la próxima temporada de crecimiento maduro, y un niño puede vagar y encontrar aventuras en una tierra que parecerá de encanto mágico. Aquí, encontré mi primer despertar espiritual cuando me sintonicé con la magia del bosque y los animales. Podía sentir el espíritu de Dios dentro de todo, y yo era uno con todo.

La tierra está repleta de cielos,
Y toda zarza común arde con Dios; Pero sólo el
que ve se quita los zapatos...
—Elizabeth Barret Browning

Aunque me encantaban los bosques y los jardines, seguía sintiendo mucha curiosidad por mi padre biológico mientras crecía. Puede quitarle el hijo al padre, pero no puede quitarle al padre al niño. Mi madre no quería hablar de nada de él. Mi padrastro era encantador, pero naturalmente quería saber más sobre la persona que me ayudó a crearme. Decidí para llenar todos los espacios en blanco que faltaban en mi mente. Quería sentir una sensación de conexión con él, y alrededor de los nueve años, creé mi propia historia y les dije a mis amigos que era un escritor famoso que viajó por el mundo. Era muy famoso, como Earl Stanley Gardner. Eso explicaba por qué nunca lo vimos, y nadie reconocería su nombre mientras escribía debajo de una pluma. Era una historia encantadora, y me sentí tan bien que ahora parecía real con una identidad. Si la gente no lo veía visitándome, era porque era famoso y viajaba. Era todo muy lógico y me hacía sentir feliz. Olvidando, por supuesto, que era un pueblo pequeño y había tanta curiosidad por mi padre desaparecido que mi madre se enteró rápidamente de la historia. Ella pensó que era muy creativo y divertido, pero informó a todos que mi padre no era famoso ni escritor. Era mecánico, a menudo llamado mono de grasa. Tratar de imaginar a alguien cubierto de grasa no creó una imagen muy agradable en mi mente. No estaba seguro de querer que esa imagen fuera mi padre, y finalmente me enteré de que ni siquiera era mecánico. Mientras que la familia de mi madre emigró del norte de Francia, la familia de mi padre emigró del sur, trayendo consigo sus conocimientos sobre la industria textil. Mi padre fue aprendiz de su padre para aprender el oficio y trabajó montando los molinos y la maquinaria.

Sin embargo, las heridas de mi madre con mi padre eran profundas e inflexibles.

En la escuela, aprendí lo académico, y en esta exploración boscosa, aprendí sobre el equilibrio y la armonía de toda la creación, un despertar de Dios en todo y en mí.

La creación de mil bosques está en una bellota. – Ralph Waldo Emerson

Si la oración es pura e inmaculada,
Ciertamente, ese aliento santo
que brota de tus labios
Se unirá con el aliento del cielo que siempre
fluye
En ti desde arriba... Por lo
tanto, esa parte de Dios que
está dentro de ti
Se reencuentra con su fuente.
—Maestro jasídico

Capítulo Tercero

Comienza la curación

Comienza la curación

Me encanta llenar mis pensamientos con los
recordatorios del amor de Dios mientras camino
por senderos boscosos y me doy cuenta de los
sonidos de las rocas que se aplastan y se deslizan
lejos de mis zapatos, creando ruidos de caídas y
crujidos. Los sonidos del mundo estaban por todas
partes: el canto de los pájaros, el viento en los
árboles, el martilleo del pájaro carpintero, el rat-a-
tat-tat, y los sonidos del tráfico que se movía a lo
lejos. Los sonidos llenan nuestros oídos y nos
dirigen a prestar atención en lugar de solo mirar.
Escuchar desde el corazón. Es un momento en el
que podemos formar una nueva disciplina y
prestar atención al universo que nos rodea. Dejar
ir todo lo que nuestras mentes crean sin la
densidad del ego y sentir que el ser es parte del
mundo natural no tocado por la acción humana. Si
Dios creó el universo para ser conocido, entonces
me pregunto si debe haber hecho que el corazón
sea capaz de sentirlo más allá de todos nuestros
sentidos.

Lo que Dios dijo a la rosa, Y la hizo reír
en toda su belleza,
Dijo a mi corazón:
Y lo hizo cien veces más hermoso.

—Jalaluddin Rumi

Es un momento mágico en el que la mayoría de las hojas han caído, creando una alfombra de color por todas partes, preparando a los árboles para una temporada de descanso y cumpliendo su ciclo de vida. Es cuando el sol nos salpica a través de un velo de hojas porosas y brillantes resaltadas a través de la niebla de la luz enjoyada.

Porque Dios no nos ha dado un espíritu de cobardía, sino de poder, de amor y de dominio propio.
Timoteo 1:7

Mientras continuaba mi paseo, la música del mundo parecía llenar el aire. De vez en cuando, se oían los graznidos de los gansos salvajes que volaban por encima. Al mismo tiempo, las ardillas parecían ocupadas correteando. Tipos tan emprendedores con colas tupidas revoloteaban mientras se lanzaban de aquí para allá. A lo lejos, podía escuchar los chirridos y cacareos de un pájaro carpintero ocupado picoteando para crear su nuevo hogar y buscando comida. Como un carpintero diligente, esta pequeña ave trabaja con seriedad mientras se dedica a sus objetivos. A diferencia de la mayoría de la gente, se concentra completamente en su objetivo y no tiene otros pensamientos. Apenas podía ver a su diminuta pelirroja balanceándose afanosamente por encima de las ramas de los árboles desde lejos. Los bosques están vivos con todos los sonidos, colores y melodías posibles.

Mientras caminaba disfrutando del día, de repente recordé una enseñanza espiritual que dice que cuando la vida nos quita algo, nos devuelve otra cosa. Podríamos llamarlo un intercambio, tal vez. Los bosques y mi despertar de la naturaleza fueron mi regalo o oficio, llenando un vasto abismo que la vida había creado. Al escuchar los sonidos de la naturaleza, comienzas a sentirte incluido como parte de todo lo que te rodea. El universo ha abierto una nueva puerta en mi vida. Fue un regalo de despertar al espíritu a través de las maravillas de Dios en la naturaleza.

El calor de la taza me calienta las manos mientras las especias me hacen cosquillas en la garganta. El

La pimienta negra y el clavo añadidos son picantes y deliciosos. Decidí disfrutar de las nubes de la mañana, ya que son simplemente místicas. Es increíble que pase lo que pase, todo es siempre perfecto. No me arrepiento de nada, ya que me di cuenta de que todo en mi vida me hizo avanzar hacia el siguiente paso y ser la persona que soy hoy. Me gusta esa persona que ha aprendido a aceptar lo que la vida nos depare, a dejar ir el miedo y a entregarse al Amor.

Mientras continuaba reflexionando sobre mi viaje, no pude evitar recordar cuánto afectó la enfermedad de mi madre a mi infancia. Trato de no pensar en ello porque el IED (trastorno explosivo intermitente) durante mi infancia fue trágico y puede devastar a una persona y a una familia. Es emocionalmente agotador ser hijo de un padre con cualquier trastorno de personalidad, lo que también es difícil para todos los que lo rodean. Cuando se desencadena, la persona de repente tiene un comportamiento impulsivo y violento sin pensamiento consciente. Cuando este comportamiento se repite, se etiqueta como un trastorno. Nuevos estudios esbozados por la Dra. Christiane Northrup, en el libro titulado Esquivando a los vampiros de la energía, muestran que las personas que carecen de empatía y compasión no se crean a través de problemas en la sociedad o necesariamente de un trauma infantil, sino que nacen con una membrana más delgada en la corteza cerebral que parece estar relacionada con su falta de empatía. Puede comportarse de muchas formas: arrebatos violentos, rabietas, trastorno narcisista, ansiedad, déficit de atención, trastorno bipolar, depresión y esquizofrenia. Todo comienza con una respuesta de lucha exagerada y reactiva a cualquier cosa que parezca amenazante como causa subyacente, que siempre es el miedo. El miedo es una emoción natural necesaria para protegernos y mantenernos conscientes de cualquier daño que pueda ocurrirnos. La respuesta de lucha o huida es esencial para la supervivencia. Sin embargo, este miedo no tiene razonamiento ni control cotidianos. Los problemas de conducta de mi familia parecían perpetuarse a través de la crianza y la predisposición genética de la familia. El comportamiento disfuncional se presenta en muchas formas y sabores; Sin embargo, su punto en común es que siempre es causado por el miedo. La gente me ha preguntado si la persona con estos trastornos tiene algún remordimiento, y según mi experiencia no es así. Narcisista

El comportamiento se actúa sin tener en cuenta las consecuencias para los demás. He observado a lo largo de la vida que las personas a menudo pueden racionalizar fácilmente su comportamiento con excusas creadas por ellos mismos. No fue tan malo; No importaba, o todo era culpa de otra persona. Sin embargo, tener ciertas personalidades o tendencias en nuestros genes no significa que debamos padecer algún trastorno o rasgo de personalidad.

Podemos cambiar nuestros rasgos de personalidad heredados a través de una intervención enfocada y experiencias que cambian la vida.

La oración y el perdón pueden ser ese trabajo constante de intervención. Es un trabajo que continúa a lo largo de nuestra vida. Esta es nuestra escuela humana, y seguimos aprendiendo todos los días de nuestras vidas. Es una escuela difícil. Necesitamos darnos mucho amor y elogios por todo lo que hacemos y aprendemos.

Me casé justo después de la escuela secundaria y, como muchos jóvenes de infancias difíciles, no me casé sabiamente. Un niño
que ha pasado por una situación abusiva o

La experiencia abusiva traumática a menudo se casará con otra situación abusiva, como me pasó a mí. Al mismo tiempo, mis padres intentaron en sus mentes darme una infancia normal y ayudarme a superar todo lo que sucedió. Pero aún así, en mi corazón, había aceptado el abuso como parte de mi vida. La cirugía reconstructiva mucho más tardía me dio una mejor oportunidad de vida, pero no creo que nadie fuera consciente de todas las cicatrices emocionales enterradas en lo profundo de mi corazón. El daño psicológico fue tan profundo debido a lo que hizo mi madre, y el hecho de que no estuviera emocionalmente disponible hundió las heridas más profundamente. Parecía soplar en cualquier dirección que el viento me llevara, aceptando las cosas como eran. Mi espíritu parecía quebrantado. Quería admirar al hombre con el que me casé. Sin embargo, el tiempo pronto demostró que era extremadamente narcisista y disfrutaba haciendo exactamente lo que le daba la gana, especialmente salirse con la suya. Él era como un tren, mientras que yo me sentía como la vía por la que él corría. Hubo buenos y malos momentos, pero se necesitaría una mujer fuerte para casarse con él, y esa fuerza no era la mía. Seguiría actuando de manera inmadura y hablando negativamente de todo hasta que obtuviera lo que quería. Los berrinches cesaron instantáneamente una vez que logró su objetivo. Era evidente que

Tuvo años de práctica y éxito en esto durante su infancia. Después de trece años, dejé el matrimonio en graves condiciones físicas y mentales. Estaba corriendo por mi vida.

Encontrar a la persona que Dios deseaba que yo fuera tomaría años de trabajo de sanación y una pala muy grande. **Así comienza el trabajo.**

Pasarían años antes de que reconociera completamente la profundidad del daño que había sufrido durante mi infancia y más tarde en mi matrimonio anterior. Era profundo en el alma, y por dentro, me sentía confundida y rota. La mente humana es más delicada de lo que pensamos. Almacena todos nuestros traumas y conflictos emocionales en lo más profundo de nuestro subconsciente. Parecía incapaz de defenderme con un miedo instintivo a otro puño o ataque. Allí, escondido en mi corazón, estaba mi quebrantamiento.

Trabajé estudiando y recibiendo ayuda para reconstruir mi vida. Empecé a sentirme mucho más fuerte y me acerqué a mi familia con resultados desastrosos. Esto me hizo retroceder en una espiral, con mi hermana decidida a demostrarme lo que valía, al menos en su mente. Nuestros problemas familiares eran muy variados, con mi hermana muy frágil emocionalmente, habiendo perdido el crecimiento con su madre. A pesar de que pidió estar con su padre en la corte de divorcio, insistió en que tener solo cuatro años era demasiado joven para tomar esa decisión. Sin embargo, montó un espectáculo tan bueno en la corte que el juez sintió que tenía la edad suficiente para decidir. Como solía decir su abuela, mi hermana era extremadamente fuerte. Era muy atractiva y estaba muy decidida a tener ambas familias. Por supuesto, eso es natural; Sin embargo, nuestra madre nos había dividido.

Mentir no crea una verdad; Sigue siendo mentira.

Cuando tenía unos veinte años, por fin volví a encontrarme con mi padre. Fui testigo de lo mucho que amaba a mi hermana y vi que él y su familia trataban de darle una buena vida, pero ella también tenía la firme intención de tener a su madre. Ella insistió en que necesitaba compartir todo lo que tenía con ella, y que compartir era todo lo que quería hacer. Sus acciones decían lo contrario.

Mark Twain: "*La acción habla más que las palabras, pero no tan a menudo*".

No me había dado cuenta de lo profundamente frágil emocionalmente que se había vuelto mi hermana, tanto que no debería haber confiado en ella. Por decirlo todo suavemente, fue un verdadero pepinillo. Yo estaba emocionalmente herida porque crecí con mi madre, mientras que mi hermana era emocionalmente frágil porque no creció con su madre. Todo muy difícil de entender, sobre todo porque mi hermana era tan hermosa y adorada por su padre y su familia. Me costaba entender la magnitud de su resentimiento; sin embargo, miré todo desde una perspectiva diferente. Mientras que yo era callada y conocida por ser muy reservada, mi hermana era muy extrovertida y capaz de expresar amor y emociones con facilidad. Éramos completamente opuestos, ya sea por nacimiento, crianza, o tal vez ambos.

Sin embargo, su amargura causó acciones, enviando mi vida en una espiral de depresión insoportable que se sentía como caer en un vacío oscuro llamado la *noche oscura del alma*. Estaba en un lugar profundo y oscuro con tanta angustia y dolor que ya no podía ver un camino en mi vida. Me olvidé de todas las cosas buenas y solo pude sentir dolor. Ya no quería estar en este plano terrenal. Había renunciado a todos y a todo en la vida. No quería más de la vida y decidí que todo el mundo tenía razón, ya que yo no valía nada. Habían ganado. Mi deseo de dejar este mundo era tan intenso y estaba tan enterrado en una angustia total que sinceramente hablaba en serio con mis palabras; Quería morir. Mi quebrantamiento se perdió en estos momentos de desesperación y rendición. A los pocos momentos de lo que sería el tiempo celestial de Dios, yo estaba de pie junto a mi cuerpo, mirándolo, todavía acostado en el sofá. Sí, la controvertida experiencia cercana a la muerte que solo puedo decir en un momento, estuve aquí, y al siguiente, estuve allí. Imposible de explicar con palabras. Casi en el mismo instante celestial, me senté a una mesa en un lugar sereno con una persona que decidí que debía ser mi ángel de la guarda. Había tal quietud con una paz circundante que quería acurrucarme y dormir para siempre allí en perfecto sueño y nunca irme. Sin embargo, me habían traído allí con un propósito. Se me mostró Mi Libro de la Vida en los Registros Akáshicos. Esta presencia divina quería que entendiera que el bien que logré superó con creces cualquier error que me hiciera sentir.

Desde el principio de mi vida, las palabras y acciones de las personas me hicieron sentir pequeña y menos que ellos. Había aceptado sus palabras en mi corazón y sufría por algo que no era mío. Mi familia era compleja y estaba llena de patrones emocionalmente destructivos. Tendría que darme cuenta de mi autoestima y verme a mí misma como la hija perfecta de nuestro creador. Sí, todas esas palabras hermosas que leemos en los libros y escuchamos en la iglesia, bueno, ahora necesitaba llevarlas a mi corazón, creerlas y *vivirlas* . Necesitaba creer en mí mismo como hijo de Dios y no en las palabras destructivas de los demás. En las palabras de Yeshúa.

No des lo que es sagrado a los perros, y no arrojes tus perlas como vino, no sea que las pisoteen y se vuelvan y te destrocen. Mateo 7:6

Si bien ese guión se lee muy duro, es más o menos lo que sucedió. Como mi ciclo de vida estaba inconcluso, necesitaba regresar para terminar mi vida. No había una hoja de ruta ni una guía, solo las palabras para

Déjalo ir todo. Necesitaba moverme por encima de todo esto. Tendría que resolverlo todo por mí mismo. Había experimentado un camino a través del velo y descubrí que no somos más que una mota, constantemente observada, cuidada y amada. Yeshúa nos lo recuerda.

Los que dicen: "Yo amo a Dios y aborrezco a sus hermanos, son mentirosos; porque el que no ama a un hermano a quien ha visto, no puede amar a Dios, a quien no ha visto. El mandamiento que tenemos de él es este: Los que aman a Dios deben amar también a su hermano. 1 Juan 4:20

Comencé un camino para estudiar todo lo que pudiera, buscando ayuda, estudiando diferentes religiones, libros y textos, y finalmente llegué a un lugar que se adapta a mi alma. Accidentalmente (o como no hay accidentes, encontré divinamente) la Escuela del Cristianismo. Estaban muy abiertos y cálidos a la oración; El amor era lo más importante. Me gradué de su escuela con un título avanzado de estudios religiosos de dos años. El Curso de los Milagros también fue un programa que me encantó y estudié mientras me convertía en parte del ministerio en oración durante más de una década.

Durante esos primeros años, creé mi diario de sanación y, más tarde, los siguientes cuatro pasos para mi sanación.

Mis primeros pasos reales de sanación física y mental comenzaron con los siguientes pasos.

Mis Cuatro Pasos.

Estos son los cuatro pasos que utilicé para mi curación.

1. Diario de Sanación.
2. Acepta la experiencia.
3. Deja ir cualquier juicio.
4. Entrega y perdón.

Mi Diario de Sanación.

Mi primer paso hacia la sanación fue cuando comencé mi diario de sanación, escribiendo los recuerdos de mi infancia y mi matrimonio. Ponerlo todo en papel y leerlo en blanco y negro le dio una nueva animación. Pude presenciar la acción en palabras, coloque a las personas en contexto y vea sus patrones con mayor claridad. A veces, a través de las palabras, incluso podía sentir su dolor. Obtuve una gran comprensión a través de mi diario cuando comenzó mi viaje hacia la curación. Me permitió ver los enredos a los que me enfrenté y me inspiró a buscar ayuda de un profesional para entender mejor a mi familia y mi matrimonio. Estudié todo lo que pude e incluso tomé clases para entender los patrones de las personas y los trastornos de la personalidad.

Al principio, escribía en un simple pedazo de papel y luego comencé a juntar las cosas en pequeños cuadernos. Empecé anotando todo lo que podía recordar desde mis primeros recuerdos y seguí escribiendo hasta mi último recuerdo. A veces, la escritura era pequeña cuando sentía paz; Otras veces, las palabras escritas se hacían más grandes y firmes a medida que se sentía la ira. Escribir todo y sentir las palabras mientras reconocía su impacto en mí fue esencial. También me ayudó a ver la inocencia de los demás.

Me tomó más de un año trabajar en él, documentar mis emociones y recuerdos de otros mientras escribía cada vez que me sentía motivado. Me di cuenta de que sentirme infravalorada y no amada era un patrón en mi vida. Más tarde atraería a personas que continuaran con estos patrones, ya que lo similar atrae a lo similar. Esos sentimientos de baja autoestima, ya fueran intencionados o intencionados, estaban causando mi dolor y sufrimiento. Cuando todo estuvo dicho y hecho, las últimas palabras de mi diario fueron las únicas importantes. *Déjalo ir.* Representaban el momento presente, mientras que todo lo demás era solo el pasado. Un incidente que experimenté con mi madre en la escuela secundaria dejó un gran vacío en mi corazón. Escribí detalles en mi diario y con lágrimas después. Nunca entendí por qué mi madre podía estar físicamente allí, pero emocionalmente distante.

En una mañana de invierno, el auto en el que viajaba para ir a la escuela secundaria se deslizó en la carretera helada y se volcó. Era un coche viejo, años antes de los cinturones de seguridad, que habría evitado que nos tiraran por el techo descapotable, matando a un estudiante y a un amigo. Mi padrastro me recogió del hospital mientras mamá estaba en el trabajo y pidió verme antes de que mi padrastro me llevara a casa. Cuando me acerqué a ella, de repente se me cayeron las lágrimas mi mejilla, y ella rápidamente me apartó. Las lágrimas nunca eran aceptables. Al mismo tiempo, mis ojos se fijaron en el rostro de mi padrastro, mirando tristemente hacia abajo. De vuelta en casa, estaba notablemente conmocionada y cubierta de cortes y moretones y lo escuché en voz baja diciéndole que la necesitaba mientras ella insistía: "Lo sé, pero simplemente no puedo".

Unos días después, llovió mucho; cada vez que oía hablar de algún funeral, siempre parecía llover ese mismo día. Ese día llovió muy fuerte. Me pregunté si era la forma en que Dios lloraba y lavaba todo.

Mi madre era emocionalmente incapaz, y el hombre con el que me casé tampoco podía apreciar los sentimientos o emociones de otra persona. Su falta de sentimiento y cariño era la vida que yo conocía y con la que estaba familiarizada. Hasta que sanemos, atraemos a más de las mismas personas a nuestras vidas. Necesitaba dejar de atraer a estas personas a mi vida y al mismo tiempo permitirles ser quienes eran y entender que eran precisamente como necesitaban ser. No estaban ni bien ni mal, ya que se movían a lo largo del camino de su propia alma. Sin embargo, tratar de aferrarse a estos miembros de la familia, con la esperanza de un resultado diferente, era una codependencia. Era mi necesidad de amor y afecto de la familia. Si bien esto sería natural para cualquiera, era hora de cerrar capítulos poco saludables en mi vida.

Realicé a través de mi diario la necesidad de volver atrás y ver la imagen completa de mi vida que había llevado en mi corazón todos los días. Entonces, pude ver fácilmente y dejar ir todo el drama. Sólo existe el momento presente, mientras que el pasado ha terminado y se ha ido. No podía volver a hacerme daño. Nunca fue real, solo una ilusión de todo el drama de mi vida que nunca fue realmente representativo de mí.

Albert Einstein dijo una vez: "*La distinción entre pasado, presente y futuro es sólo una ilusión obstinadamente persistente.*"

Es algo que se percibe a través de nuestra percepción que contradice la realidad. Cuando era niño, una vez me asusté en medio de la noche al ver a un hombre parado en nuestro pasillo. Fue un

Perchero independiente cubierto con una bufanda y un sombrero. Para mí, en la oscuridad, era un hombre parado allí. Algo que se percibe como cierto pero que no es verdad. Si te identificas con algo que no eres tú, estás pasando de lo que es verdad a la ilusión de algo que no es verdad. Nuestros dramas no somos nosotros.

Muchos años después, pensé en hacer un ritual de cuenco ardiente para dejar atrás el pasado. Mi consejero espiritual me sugirió que en su lugar podía compartir mi diario *devolviéndole el favor*. Era un diario doloroso, pero después de considerarlo seriamente, decidí que mi diario podría tener valor para ayudar a otra persona. Otros también habían sufrido infancias y familias infelices, y algunos mucho más que yo y podían beneficiarse de la lectura de mi experiencia. Más tarde, hice una celebración de cuenco ardiente, que fue una celebración extraordinariamente purificadora y gratificante. Agregué varios conos de incienso a las llamas, dándole a todo maravillosos tonos de color y fragancia llameantes. Compartir historias mucho más trágicas que la mía puede traer luz a todas estas situaciones, porque por la mañana, está la luz divina de Dios.

el universo. Incluso las luces más tenues extinguirán la oscuridad; Yeshúa nos recordó:

"Somos la luz del mundo".

Segundo paso: Aprendizaje de la aceptación.

La aceptación es el primer paso para sanar del trauma y la tragedia. Acepta lo que haya sucedido en tu vida y reconoce lo que sucedió con sinceridad. Era mío y me pasó. Wow, es tan fácil decirnos a nosotros mismos: "¿Por qué a mí?" Eso no es fácil de responder, pero se vuelve mucho más fácil mirar hacia atrás y ver el por qué cuando la vida ha viajado más lejos. El por qué suele traer un cambio, una nueva dirección que Dios sintió que necesitaba.

Aristóteles dijo: *"No importa cuál sea la situación, todo sucede por una razón, y hay un propósito, un significado y un crecimiento que se puede obtener de cualquier momento difícil que enfrentes".*

Simplemente acéptalo como tuyo y que está ahí por una razón. Aprende lo que puedas de cada experiencia. La tragedia nos ayuda a comprender más sobre la naturaleza humana y desarrolla la compasión y la empatía por la naturaleza.

otros. No podemos sentir el dolor de otra persona, pero podemos recordar situaciones similares y compartir ese sentimiento a lo largo de nuestras vidas. Las tragedias no son iguales y nada puede aislarnos de ellas.

Amamos una buena tragedia con final feliz en la gran literatura, pero no siempre podemos prever nuestras tragedias. Solo podemos ser responsables de lo que ocurra y tratar de crear un buen resultado. El primer paso esencial es aceptar la responsabilidad de lo que suceda en tu vida. Vea lo que sea necesario aprender de él. Acéptalo para ti y para los demás, y luego cuídalo. Eliminas la basura de tu vida cuando la cuidas (ira, celos, odio o dolor). ¡Métalo en una bolsa y déjalo ir! (*Pero, por favor, no se lo des de comer a tu perro*). Estaba decidida a no dejar que estos comportamientos problemáticos continuaran a través de mí. Es una elección que todos tenemos el poder de hacer.

El caos que creamos dentro de nosotros es también el caos fuera de nosotros.

Lo que sentimos afecta a todo lo que nos rodea, como en la atmósfera de un ambiente sereno lugar de trabajo que se cambia en segundos. Si una persona enojada camina por una habitación tranquila, crea una energía más pesada y oscura que vibra en su cuerpo, afectando a todos los demás. Es muy parecido a la teoría de una mariposa en Kansas batiendo sus alas y creando una ligera brisa en Londres. Todo se ve afectado por todo lo demás. Cada movimiento crea algo que, en otro lugar, se mueve. Los pensamientos y sentimientos crean energía que vibra desde nosotros y luego mueve algo más.

Jesúa: "No te dejes vencer por el mal, sino vence el mal con el bien". Romanos 12:21

Había algo que necesitaba llevar en mi corazón porque era crucial para mi capacidad de seguir adelante. Todos tenemos familias diferentes, pero tendría que dejar ir a estas personas en mis circunstancias. No puedo cambiar a otra persona, solo a mí misma, y necesitaba liberar a estas personas tóxicas para que transiten por sus propios caminos de vida. No me corresponde a mí saber lo correcto o incorrecto de cualquier cosa que se haga. Eso no me corresponde a mí decidirlo. Veía a mi hermana no solo como mi hermana, sino como alguien hermoso, inteligente y seguro de sí mismo. Todo lo que quería ser y no fue. Es imposible entender o sentir su dolor, pero es terriblemente lamentable que el divorcio de nuestros padres haya traído tanto dolor que algunas heridas nunca sanaron.

Paso tres: Deja de lado cualquier juicio.

Entender por qué las personas lastiman a otros es imposible, ya que es causado por un comportamiento inconsciente. Darle vueltas en tu mente crea un camino interminable de pensamiento que no te llevará a ninguna parte. Podrías pensar que si has experimentado un dolor significativo, ¿por qué querrías hacer sufrir a otros? Desafortunadamente, lastimar a otra persona crea un sentimiento de satisfacción egoísta para algunas personas. Así que, ¡toma eso!

Apartad de vosotros toda amargura, ira e ira, riñas y calumnias, junto con toda malicia, y sed benignos unos con otros, misericordiosos y compasivos unos con otros, perdonándoos unos a otros, como Dios os perdonó a vosotros en Cristo. Efesios 4:31

No podemos saber lo suficiente sobre la vida de otra persona para entender cómo llegó a su lugar actual. Podemos, sin embargo, elegir no necesitar saber y ver su inocencia y permitirles ser quienes son. Si no podemos entender algo o juzgar a los demás de acuerdo con nuestros valores, lo vemos como algo incorrecto y tratamos de arreglarlo.

Esto crea un juicio de la persona o incluso de una situación. Dejar de juzgar algo como incorrecto o correcto permite que el amor incondicional tenga lugar a través de la aceptación completa. El amor incondicional abraza dejar ir todo juicio. No significa aceptar algo o alguien dañino para nosotros; Significa aceptar las cosas como son y la necesidad de arreglarlas. Aprendí de la manera difícil a dejar de lado el comportamiento de mi familia y aceptarlos como eran, mientras abrazaba las cosas buenas y dejaba ir el resto. Cambiar algo que ya ha sucedido es imposible; se ha convertido en parte del pasado. ¡Se acabó! Ya no puede hacernos daño.

No puedes cambiar a los demás, pero maravillosamente, puedes cambiar cualquier situación cambiándote a ti mismo.

Mis primeros estudios me enseñaron que ser intrépido es necesario para la vida.

Gandhi dijo: *"La intrepidez es el primer prerrequisito de una vida espiritual".*

No debemos tener miedo ni preocuparnos por lo que no ha sucedido o ya ha sucedido. Solo mirar honestamente todo y saber que el pasado se ha ido y no volverá. Esto requiere que seamos intrépidos al dar un paso adelante, sabiendo que solo existe el momento presente. Incluso con esta comprensión, muy a menudo continuaremos sufriendo hasta que lleguemos a un punto de desesperación en el que de repente nos enfrentemos a una enfermedad grave que amenaza la vida, un accidente grave o algo tan trágico que nos vemos empujados a profundizar en nosotros mismos y finalmente estamos dispuestos a aceptar la verdad mayor en nuestras vidas y dejarla ir. Fue entonces cuando mi experiencia cercana a la muerte intercedió en mi vida para realinearme con mi verdadero camino.

A medida que los pensamientos sin
sentido giran alrededor, el dolor
es su sufrimiento,
No conoce camino, caótico
y sin modales,
Agonía continua en una pista interminable.

Paso cuatro: Entrega y perdón.

Las últimas palabras que me dijeron en mi experiencia cercana a la muerte fueron: "Déjalo ir". Necesitaba entregarle todo a Dios. La entrega y el perdón me permitieron abrir la puerta a la paz y a un nuevo comienzo hacia la felicidad.

Confía en el Señor con todo tu corazón, y no confíes en tu propia perspicacia. Reconócelo en todos tus caminos, y él enderezará tus sendas.
Proverbios 3:5

Necesitaba dejar de lado mis planes y permitir que el plan de Dios se desarrollara. Dejar ir el ego es rendirse y permitir el espacio para el amor incondicional. El ego nos detiene y nos aleja de la humildad. Adán y Eva tal vez sintió que ellos mismos podían ser exaltados como Dios y perdieron la libertad del paraíso. ¡Solo un pequeño vistazo al otro lado! Nuestras cosas humanas. A menudo no podemos reconocer cuando lo tenemos todo y luego miramos por encima de una valla para buscar más. ¿Con qué frecuencia eso nos mete en problemas? Nuestro orgullo y ego impiden nuestra relación con Dios.

Padre, si quieres, aparta de mí esta copa; pero no se haga mi voluntad, sino la tuya. Lucas 22:42

Cuando entregamos todo a Dios, podemos ver el amor en todo y en todos como nuestro hermano y hermana. No hay separación entre nosotros ni entre los demás, ni siquiera con la naturaleza. Todos estamos conectados como hermanos y hermanas, y nuestro ego se interpone en el camino de disfrutar de nuestra unidad con todo y con todos. El amor incondicional que es la paz eterna que buscamos, el momento, el presente, el ahora. Es todo lo que hay, y el resto es falso.

El futuro está en el presente, mientras que el pasado se ha ido.

Perdonar a alguien es más difícil que simplemente decir las palabras. Es perdonar a la persona o personas desde lo más profundo de tu alma y corazón. Lleva tiempo y se desarrolla con el tiempo, como el buen vino y los quesos. Se siente como si tu corazón se abriera mientras la luz de la conciencia universal se apresura a llenar el vacío. Mover tu energía a un nivel superior y mantenerte centrado en el amor ayudará a no atraer más personalidades similares a nuestras vidas en el futuro.

Porque si perdonáis a los demás sus ofensas, vuestro Padre celestial también os perdonará a vosotros, pero si vosotros no perdonáis a los demás, tampoco vuestro Padre os perdonará vuestras ofensas.
Mateo 6:14

Cuando miramos a los ojos de nuestro fiel gato o perro, solo vemos su amor. Sus ojos no muestran pasado ni futuro, solo el momento. Es fácil amarlos con todo nuestro corazón porque sentimos su amor incondicional. Nos traen un gran regalo. Lo mismo ocurre con los ojos de un bebé recién nacido, ya que acaban de llegar de un lugar de amor puro. Llegan enamorados y dependen enteramente de nosotros para cuidar de sus hijos.

necesidades. Muchos de nosotros tenemos mascotas que son una parte tan amorosa de nuestras vidas, nuestros amigos, que nos aman incondicionalmente. Son increíbles maestros de amor.

Sé fuerte y valiente. No les temáis ni les tengáis miedo, porque es
el SEÑOR tu Dios, que va contigo. Él no te dejará ni te desamparará". Deuteronomio 31:6

Nuestra comprensión de los patrones destructivos en nuestras vidas produce el cambio necesario. Si bien los problemas de otras personas no son nuestros, son nuestros para superarlos si permitimos que afecten nuestras vidas. Necesitaba ver las lecciones en todo y entender sus mensajes. Es útil recordar que todo este drama de la vida no somos nosotros, sino las ilusiones de la vida. Por ilusiones, quiero decir que las cosas no siempre son lo que parecen. Las ilusiones pueden darnos esperanza, o pueden crear autoengaño. El autoengaño, por ejemplo, puede crear la ilusión de que no abusamos de alguien mintiendo al respecto cada vez que se nos pregunta. A medida que sigues diciendo esta mentira, eventualmente, solo recuerdas la mentira en el futuro.

Pero el fruto del Espíritu es amor, gozo, paz,
paciencia, benignidad, bondad y fidelidad.
Gálatas 5:22

Carl Gustav Jung dijo: "*La diferencia entre una*
buena vida y una mala vida es lo bien que caminas
a través del fuego".

Tal vez necesite una explicación más detallada de
que caminar bien a través de él también significará
que aprenderá a sanar y a dejarlo ir todo mientras
camina. Cuando la vida cae en una espiral
descendente, la situación a menudo requerirá un
evento que cambie la vida para volver a ponernos
en el camino del que nos hemos desviado. El
evento puede presentarse de muchas formas y, a
menudo, es una enfermedad importante que pone
en peligro la vida o, en mi caso, una experiencia
cercana a la muerte. A lo largo de la vida nos
encontramos con personas que afirman que el
cáncer fue lo mejor que les pasó, ya que se vieron
obligados a cambiar sus vidas en el buen sentido.

Cuando Dios comenzó a crear el cielo y la tierra,
siendo la tierra informe y vacía, con tinieblas
sobre la superficie del abismo y un viento de Dios
barriendo sobre el agua ... Génesis 1:1

¿Has pensado alguna vez en el fuego que
enciendes?
¿Eres tú quien ha traído a la existencia el
árbol?
¿Quién alimenta el fuego, o somos Nosotros los
que lo hacemos crecer?
Somos Nosotros Quienes lo hemos convertido
en un recordatorio y un consuelo para los que
vagan por el desierto,
Luego celebra la gloria ilimitada
del Nombre de tu Sustentador, el Altísimo.

—Sürah Al-Wâq

Nada puede dañarte tanto como tus propios
pensamientos desprevenidos". Buda

Capítulo Cuarto

Un mundo de oración

Un mundo de oración

Al nacer, tomamos nuestro primer aliento de oración para comenzar la vida, animar nuestro cuerpo, y nuestra oración final de vida al final de nuestro viaje y quedarnos quietos.

Todo lo que pidiereis en mi nombre, lo haré, para que el Padre sea glorificado en el Hijo. Juan 14:13

Seguía caminando y prefería pensar más allá de los tiempos difíciles, reconociéndolos como solo pasos en el camino de nuestra vida, obstáculos momentáneos que superar. Aun así, me sorprende cómo funciona todo tan correctamente. Mientras continuaba mi caminata, el bosque parecía vibrante esta mañana. Los pájaros parecían animados, cantando y cantando, mientras que las ardillas de cola tupida susurraban a través de las hojas y corrían hacia arriba en los árboles como mensajeros de Dios. Caminé en el aire fresco, recordando mis paseos similares de la infancia a través de los conos tachonados de semillas de los grandes pinos en sus últimos días de otoño. Pronto, los conos caerían al suelo. Reuniría unos cuantos para colocarlos en mi caja secreta de admirados

Tesoros. Se abría solo en ocasiones especiales para maravillarse con las fragancias cítricas de pino y las intrincadas capas de escamas de coníferas. Mezclados entre los pinos había altos abedules blancos con hojas en forma de corazón y la belleza de la corteza pelada. Cuando éramos niños, usábamos las cáscaras para dar forma a canoas de corteza perfectas para navegar en el flujo de la corriente del río. Nadie podía imaginar nuestro deleite al verlos balancearse a lo largo del arroyo mientras nosotros estábamos parados en las orillas fangosas con las perneras de los pantalones enrolladas, los zapatos quitados y los dedos de los pies aplastados en el barro, todo con alegría y entusiasmo desenfrenados.

Leer las palabras de Rabí Najman de Breslav, el sabio de finales del siglo XVIII, cautivó mi alma con...

"Qué bueno es orar a Dios y meditar en los prados y campos entre la hierba y los árboles. Cuando uno sale a los prados a rezar, cada brizna de hierba, cada planta y cada flor entra en sus oraciones y lo ayuda, poniendo fuerza y fuerza en sus palabras".

Tantos recuerdos y aprendizajes me llevaron a través de la vida como reverencia por toda la naturaleza y el hallazgo de nuestra divinidad a través de los retozos de los niños sin menos fervor que el de Tom Sawyer o el de Huck. La naturaleza abre nuestra imaginación con tal iluminación que debemos quedarnos asombrados.

Nada es sin voz: Dios en todas
partes puede oír Surgir de la
creación
Su alabanza y su eco son claros.

Viajas a lo largo y ancho para
explorar, ver y buscar;
Si no ves a Dios, no has
observado nada.
-Ángelus Silesio

Recuerdo bien ese día en el que elegí por primera vez poner todo en manos del universo y dejarlo *ir*. Fue el paso final en mi curación. Era un día de otoño y acababa de recoger las últimas flores de verano para llenar mi jarrón favorito para la mesa. La fragancia de las flores perfumadas capturó la habitación. Me serví un poco de té y me senté cómodamente en mi silla de peluche favorita. Podía sentir la calma de todo mi cuerpo mientras una paz tranquila se extendía a través de mí.

Bendije cada célula de mi cuerpo mientras una presencia tranquila y quietud encapsulaba todo mi ser como *"una paz que sobrepasa todo entendimiento"*. Podía sentir la vitalidad en mis manos y continuar a través de mi cuerpo. Reconocí mi dolor y le pedí al universo que lo absorbiera de mi corazón y me liberara del miedo. Oré por la transformación de cualquier oscuridad en luz blanca pura. Tenía la intención *de dejarlo ir todo* y permitir que el amor divino *se hiciera cargo* de mi vida y me guiara. Cuando perdonamos genuinamente, disfrutamos de una paz mental que nos bendice con la verdadera felicidad de la vida. Si los pensamientos sobre nuestra historia y nuestro dolor continúan, debemos continuar nuestro trabajo diligentemente. Se necesitan años para que se acumule tanto dolor en nosotros y años para liberarlo. Siempre debemos ser diligentes, ya que la curación continúa a lo largo de la vida y es un proceso constante. La oración crea nuestra reunión perfecta con la superconciencia o fuerza de luz de nuestro universo. Las oraciones deben venir de lo más profundo de nuestras almas y corazones para superar la oscuridad. Despliega tus alas y ora desde tu corazón. ¡Siéntelo y sé la luz!

"Dios pasa a través de la espesura del mundo, y dondequiera que su mirada se posa, convierte todas las cosas en belleza" (San Juan de la Cruz).

Cuando empiezo mis oraciones, es como encender un fósforo. Cuando digo Amado Dios, la llama estalla viva, creando luz y calor. Mis palabras son la acción cuando comienzo mi conversación con Dios, permitiendo que las palabras fluyan sin esfuerzo y con concentración desde el corazón. Mis palabras son mi comunicación con Dios; Sentir las palabras es la forma en que enviamos nuestras oraciones al hablar con Dios desde el corazón y el alma para revelar nuestro amor, necesidades y deseos. Respira profundamente mientras sientes y concéntrate en tus palabras. La oración permite que tu comunicación con Dios sea escuchada y saber que ya está hecha. Si bien hay muchos tipos de adoración, la parte más crítica es que cada oración es desde el corazón. Nuestro corazón es donde Dios vive en nosotros, y por lo tanto es donde hacemos nuestra conexión y somos ungidos con la chispa del Amor divino. Como levantar nuestro teléfono y decir en voz baja: "Hola". La fuerza de luz de nuestro universo y nuestros ángeles están ahí para escuchar. Al final de mi oración, reconozco el amor de Dios y acepto los dones de Dios en mi vida con gratitud. Descanso para profundizar en el silencio, respirando y sabiendo que las palabras pronunciadas están ahora en la conciencia universal del amor. No hay recuerdo de las palabras que salieron de mi corazón para convertirse en parte de la conciencia universal. Ya no son míos, ya que pertenecen a la conciencia colectiva. Nuestra voz es la energía, mientras que nuestros labios dan forma a las palabras que crean nuestro método de comunicación. Es poderoso ya que todo lo que se habla crea energía que se lleva a cabo en nuestro universo.

Después de la oración, me relajo y me siento en la tranquila presencia del amor divino. Disfruto de mis momentos en la conciencia divina y la verdadera paz al final de mis oraciones. A veces, permito que mi mente divague y visualice la hermosa vista de las flores de loto y las velas flotando por el río Ganges. Me encanta cómo es posible viajar a cualquier lugar a través del poder de la imaginación y casi sentir la energía de otro lugar mágico. A través del poder de mi mente, puedo visualizar la magnífica vista de las lámparas flotantes hechas con velas y hermosas flores de loto. Es una hermosa visión de ellos siendo liberados al atardecer en el río Ganges mientras flotan al unísono a lo largo de la orilla del río. Guiados río abajo por la diosa Ma Ganga, las flores y las velas representan una oración física. Me imagino viendo mi oración flotando como una flor de loto (llamada diyas), bailando en el resplandor de todas las otras velas encendidas con oraciones para ser escuchadas por los que escuchan nuestras oraciones. Es una visión tan gloriosa que casi puedo sentir el canto y el canto mientras el sitar y las flautas de bambú tocan junto con todos los que celebran. Es una manera encantadora y memorable de terminar mis oraciones.

Dios escucha cada oración. Nuestras palabras llevan nuestra energía a los oídos de Dios, ya que nuestro aliento se comunica con la vibración del universo de Dios. Cuando nos permitimos vibrar, como describe el maestro Schneur Zaiman, con "el *Aliento de su*

boca", se sentirá como el viento mismo cuando todas las cosas en la vida y el universo vibren con el *aliento de su boca.*

Padre nuestro que estás en
los cielos, santificado sea tu
nombre. Venga tu Reino,
hágase tu voluntad,
En la tierra como en el cielo.
Danos hoy nuestro pan de cada día, y
perdónanos nuestras deudas,
Como también hemos perdonado a nuestros
deudores, Y "no nos dejes caer en tentación,
*pero líbranos del mal.*Mateo 6:10

Desde la infancia, me ha encantado observar el movimiento del océano. Nada es más tranquilizador; Siento que es escuchar y ver a Dios respirar a través de la naturaleza. Me paraba en las orillas para escuchar la respiración que se respiraba y luego la exhalación de la salida con la ondulación constante de cada ola que empujaba hacia la orilla. La entrada y salida del aliento de Dios que tanto nos alinea con la paz y la serenidad eternas como la oración incesante de Dios. Las oraciones de este libro pueden guiarte, y luego escribes las tuyas propias o disfruta interpretando la mía con tus propias palabras. Las oraciones han seguido siendo la parte más esencial de mi vida.

Cuando Dios comenzó a crear el cielo y la tierra, siendo la tierra informe y vacía, con tinieblas sobre la superficie del abismo y un viento de Dios barriendo sobre el agua ...

Gregg Braden habla tan ilustremente sobre la oración a través de nuestro corazón y cómo le dice un lenguaje a nuestro cuerpo a través de las ondas de presión creadas cada vez que nuestro corazón late. Las neuronas responden a nuestros sentimientos y pueden armonizar el corazón y el cerebro. Es una poderosa energía a 0,1 Hz que conecta nuestras palabras, emociones y sentimientos enviados como nuestro mensaje al universo. Se sugiere tomar tres minutos diarios para concentrarse en ralentizar nuestra respiración, un tiempo para permitir que la respiración sea más lenta de lo normal. Estamos inhalando y exhalando lentamente mientras mantenemos el enfoque y la conciencia en el corazón. Colocar la mano sobre el corazón ayuda a mantener el enfoque allí. Esto ayudará a armonizar el corazón y el cerebro y fortalecerá su sistema inmunológico al eliminar los estrés. Es una forma poderosa de mantener el cuerpo en su mejor momento.

0.1Hz = ¡Amor!

Rainer Maria Rilke escribe en El Libro de Horas que Dios "*camina con nosotros en silencio fuera de la noche*". *A medida que nos acercamos a donde entra la luz, Dios susurra:*

Deja que te suceda todo: belleza y terror.
Sigue adelante....
No te dejes perderme.

Creo que todos hemos compartido esos momentos en los que dar un paso más parece ser demasiado. He estado allí y recuerdo haber orado para que Dios no me soltara la mano en esos momentos. Afortunadamente, Dios nunca lo dejó ir.

El Señor está cerca de los quebrantados de corazón y salva a los que están abatidos en espíritu.

Salmos 34:18

Si la oración es pura e inmaculada,
seguramente ese aliento santo
que se eleva de tus labios
Se unirá con el aliento del cielo que
siempre fluye
en ti desde arriba........
Por lo tanto, esa parte de Dios
que está dentro de ti
Se reencuentra con su fuente.
—Hasi

El lobo habitará con el cordero, y el leopardo
se acostará con el cabrito...
Isaías 11:6

Capítulo Quinto

Sentirse separado de todos

Me siento solo.

Algunos días, me siento tan sola.
Entonces, recordé que nunca estaba sola.
El amor está a mi alrededor.
Aparece de muchas maneras. La
sonrisa de un padre o amigo. Un
gatito frotándose contra mi pierna. Vi
un pájaro cantando en el alféizar de
mi ventana.
Los narcisos que vuelan al viento. El sol
brillaba en mi porche. La voz de un
amigo en mi teléfono.
El amor está en todas partes, y en todas partes
estás tú.
Perdona mi olvido. Soy tu hijo agradecido.
Gracias.
Amén

Cuando crecemos y elegimos nuestro camino en
la vida, comenzamos a despertar a un nuevo

realidad, y puede ser solitario si nuestra elección es un camino espiritual. Cuando somos niños, no se nos enseñan las habilidades básicas para la vida para construir los cimientos de un futuro feliz. Los currículos escolares no nos enseñan las cosas necesarias para un camino espiritual, ya que necesitaremos desarrollar esas habilidades de forma independiente cuando aprendamos los requisitos de vivir de manera autosuficiente. El despertar se convierte en nuestro camino personal para descubrir quiénes somos. Nuestra verdad personal. A medida que despertamos, ya no nos impulsa lo que nos dijeron nuestros padres, familiares, maestros o la sociedad en general. Estamos despertando a una realidad superior. Reconocemos que nuestra vida ya no requiere un auto lujoso o muchos amigos que nos admiren. Si bien las cosas bonitas y los amigos son fantásticos, comenzamos a darle más valor a las cosas menos críticas para la vida y la felicidad, nuestra paz interior.

Vuélvete a mí y ten piedad de mí, porque estoy solo y afligido. Alivia las angustias de mi corazón y sácame de mi angustia. Salmos 25:16

Jesús conoció la soledad, pero luego dijo: "No estoy *solo, porque mi Padre está conmigo"*. Juan 16:32

Jesús sabía lo que era ser consolado incluso ante el abandono. Cuando la soledad se siente abrumadora, primero debemos cambiar nuestra dirección de lo que no tenemos a lo que sí tenemos.

Los sentimientos no siempre tienen una explicación; A veces, solo están ahí en sentimientos de estar perdidos o abrumados. Pueden ser sentimientos de pérdida de alguien a quien amamos. Hay confusión sobre por qué mueren. Pueden ser sentimientos que se recuerdan al ver algo que trae a la mente un recuerdo de tristeza. Un alimento específico, un olor o incluso una pieza musical nos recuerda a alguien o algo encerrado en nuestros corazones. Podemos encontrarnos de repente sollozando con sentimientos de soledad o dolor. Es normal tener estos sentimientos, por lo que debemos reconocerlos sintiéndolas y abrazándolas, y luego liberándolas a través del amor propio y los mimos. Tómate todo el tiempo necesario para avanzar en el proceso hasta que te sientas listo para dar un paso adelante en la vida nuevamente. Estén en paz. Esta breve meditación es encantadora para

Trae paz al corazón y permite que se expanda a medida que lo practicamos diariamente. Cuanto más lo practicamos, más fuerte se hace la sensación de presencia y paz.

Esta breve práctica diaria puede ayudar. Concéntrate en tu corazón en el centro de tu pecho durante unos minutos al día. Inhala y exhala, muy relajado y natural, mientras mantienes tu atención allí. Permita que surjan sentimientos o sensaciones y desaparezcan lentamente. Si tu atención se desvía, concéntrate suavemente para traerla de vuelta a tu corazón. Después de unos minutos, abre los ojos y tómate el tiempo para notar el centrado. Hacer esto diariamente te ayudará a sentir la diferencia entre estar centrado y distraerte con el ego. A medida que nos volvemos más conscientes de nuestra abundancia interior que se expande a través de la oración y la meditación diarias, la búsqueda de la satisfacción externa con su inevitable soledad y necesidad de los que nos rodean todo el tiempo o incluso del materialismo se alejará gradualmente.

Es útil recordar que la soledad no es la ausencia de otras personas en tu vida, sino una ausencia interior. Una conciencia centrada de tu verdadero yo. Deje que otros

Las personas son exactamente como son, sabiendo que estamos todos juntos en un camino en busca de un lugar más alto. Cada uno avanza a su propio tiempo y manera, recordando que se trata de nuestras elecciones o de nuestro libre albedrío. Si bien no sigo ninguna religión, tomo pedazos de ellos y dejo ir cualquier cosa que no se sienta verdadera. Cada religión tiene su forma de mensajes, pero todas tienen que ver con el amor. El amor es nuestra conexión con Dios; puede ser Dios, Buda, Mahoma, Jesús, o la conciencia universal o la fuerza de la Luz. Lo que sea o quienquiera que sintamos, nuestra verdad es. Cada uno es una conexión universal con algo más elevado, que nos empuja a alcanzar metas más altas para nuestras almas. Jesús tomó tal vez un camino para el que el mundo no estaba preparado y para el que ni siquiera podría estar preparado ahora. Dejó este mundo tal como lo conocemos, pero dejó sus enseñanzas a través del trabajo de sus discípulos. Ha sobrevivido dos mil años o más y tiene las mismas enseñanzas que todos los demás Maestros. Es una historia de Amor. Se trata de darnos cuenta de nuestra conexión, amarnos unos a otros y cumplir con nuestro camino de vida. Creo que nos estamos acercando a esta autorrealización que creará el mundo de paz con el que todos soñamos y queremos.

Dios es amigo del silencio.
Mira cómo la naturaleza —árboles, flores, hierba—
crece en silencio; Mira las estrellas, la luna y el
sol, cómo se mueven en silencio.
Necesitamos el silencio para poder tocar las almas.
—Madre Teresa

Encontrar la alegría infinita del espíritu dentro de ti y la conexión con algo mucho más significativo que nosotros mismos es cuando nos damos cuenta de que somos una unidad total con el universo y nunca estamos solos.

Sueño tranquilo
Al acostarme cada noche, que sea en paz.
Que mis noches sean solo de sueño tranquilo.
Dormir libre de pensamientos o sueños
perturbadores.
Lo que me permite despertarme renovado cada
gloriosa mañana.
Pasar el día sintiendo solo paz.
Agradecido por tu amor y presencia guía.
Verme sano y salvo en mi camino. Amén.

¿Cómo se puede comprar o vender el cielo,
el calor de la tierra? Si no poseemos la
frescura del aire y el brillo del agua, ¿cómo
puedes comprarlos?
—Jefe Suquamish

Capítulo Sexto

Meditación

Es otoño y las hojas han creado una alfombra de colores por todas partes. Hoy, mientras paseaba por mi jardín y caminaba a través de una vibrante alfombra de hojas, me detuve para encontrar la rama remendada de años atrás. El extremo de la rama había sido casi cortado, dejándola apenas unida y recibiendo los nutrientes suficientes para seguir sobreviviendo. Una rama valiente y atrevida que se aferraba a la vida cuando un viento azotador podía desmembrar fácilmente la pieza desollada. Usando cinta de floristería y cuerda, creé una férula improvisada. Ahora, dos años después, la rama lila está completamente curada y floreció la primavera pasada, esparciendo una deliciosa fragancia por todo el jardín. Incluso sin mis intentos de ayudar a la rama, se esforzó por recuperarse usando su inteligencia innata para repararse a sí misma mientras apenas podía sostenerse. La naturaleza revela esta increíble aptitud curativa que también compartimos.

Mientras estudiaba la rama, me acordé de una señora que había perdido parte de su mano en un accidente. Meses más tarde, mientras miraba por la ventana de su comedor, notó que una nueva extremidad reemplazaba a una perdida en un árbol en su patio trasero. Ella

Me pregunté si el árbol podía hacer eso, entonces ¿por qué ella no? Después de todo, ¿no somos parte de la naturaleza, como el árbol?

En el capítulo tres, detallé los pasos que había tomado para mi curación. Comencé con mi Diario de Sanidad y luego describí los siguientes tres pasos críticos para dejar ir todo, no a Dios. Mi objetivo era encontrar la paz del sufrimiento del trauma en mi vida a través del perdón y el amor. Durante los años siguientes, he seguido viviendo en el corazón a través de la meditación y la oración.

Cuando nuestro cuerpo sufre un gran shock o trauma, crea muchos impulsos que se mueven por cada célula de nuestro ser: el miedo. Los músculos se tensan, el corazón late más rápido con una respiración superficial por falta de oxígeno; Nos sentimos fríos y pegajosos, y las ondas cerebrales se ven afectadas a medida que entramos en un estado diferente de conciencia, miedo y entumecimiento emocional. Todo nuestro cuerpo y aura espiritual cambian a medida que nos esforzamos por superar y comprender los cambios que sentimos. Sanar nuestras vidas y familias debería ser fácil con suficiente fe y amor, sin embargo, nuestras emociones y miedo obstaculizan y bloquean nuestra curación. Qué

Lo que pasó con mi mamá fue tan poderoso que a lo largo de mi primera infancia, no tuve ningún recuerdo consciente de nada; Todo permanecía guardado en mi subconsciente. Supongo que era mi forma de protegerme. No fue hasta la escuela secundaria, y después de eso, tuve flashbacks de lo que instintivamente siempre supe que había sucedido. Fue abrumador para mí cuando era niña, especialmente porque todavía vivía con la persona que causaba el dolor. Así que lo enterré en mi subconsciente hasta más tarde.

El trauma es devastador, y he leído que los hijos de las guerras o de la violencia guardarán el recuerdo de su sufrimiento durante tres generaciones. El ADN almacena el trauma en la memoria celular del cuerpo. Este es el legado que transmitimos a nuestras jóvenes a través de la violencia de la sociedad en el ADN de las futuras madres. Todavía no sabemos cómo afectará a sus hijos, o no conozco ningún estudio al respecto, pero sabemos que puede durar tres generaciones o más si la violencia posterior vuelve a ocurrir. Nos preguntamos por qué el dolor de la violencia, la violación y el terror continúa generación tras generación.

Para ayudar a sanar el trauma y el estrés, uno debe estar enfocado con una intención sincera. Permanece en nuestra memoria celular, pero podemos aliviar al cuerpo de sus tensiones y aligerar la carga. Podemos adoptar hábitos saludables como comer bien, hacer yoga y practicar la atención plena para combatir el estrés y los recuerdos dolorosos de la vida. Respira y cree en tu corazón la bondad de Dios y la vida destinada a ti y a todos. Respira y deja ir el miedo a la vida, a las personas y a los acontecimientos para mantenerte enfocado en el camino de disfrutar de la vida. Las cosas de la vida que más importan no son las cosas materiales, sino las cosas divinas que nos mantienen centrados en nuestro universo. Si nuestro objetivo aquí es aprender las lecciones necesarias para alcanzar nuestra conciencia Crística, un automóvil nuevo y caro no nos llevará allí más rápido. Tampoco el nuevo atuendo de modisto más elegante que se use para impresionar a los demás no hará nada para impresionar a Dios.

Las personas no necesitan ser de ninguna religión o fe para saber que algo más grande que ellas mismas está dentro de ellas. Poder sentir la paz y el aprecio por las cosas más sencillas de la vida. Sin embargo, al carecer de una conexión espiritual con nuestro

El universo puede dejarnos perdidos y confundidos en un mundo en constante cambio y exigencia. Sin nuestra conexión interna con algo más grande, podríamos depender de las adicciones, la violencia y otros problemas sociales para llenar ese vacío. Cuando olvidamos nuestras conexiones con los demás y con el universo, nos sentimos aislados, perdidos en un vasto mundo y nos preguntamos sobre su significado. Donde hay un vacío, algo se apresurará a llenarlo. Depende de nosotros con qué queremos llenar ese vacío y ser como un niño recién nacido. Al ver todo fresco, como en la inocencia de un niño que es tan preciosa como el mundo aún no los ha formado, ven todo en su pureza y frescura. Cuando los niños ven a otro niño con la piel de un color diferente, no hay miedo, ya que solo ven a un nuevo amigo y a un escurridizo jugando juntos. Los niños pierden su inocencia cuando aprenden miedos y prejuicios de sus mayores y de la sociedad. Los hijos adultos tienen más experiencias, aprendizajes y filtros adquiridos a lo largo de su vida. Dependiendo de sus experiencias, algunos filtros son buenos y otros no tanto, pero aún así, los adultos son niños vulnerables más o menos adultos. Son más frágiles de lo que queremos pensar y pueden ser más peligrosos como adultos cuando representan sus fragilidades.

Como adultos, se hace necesario que asumamos la responsabilidad de nosotros mismos y de nuestras vidas. Llegar a una fuente más increíble que se encuentra dentro de nuestros corazones y puede sanar todas nuestras necesidades. Una vez que pasamos los cuatro pasos hacia la curación, podemos descubrir fácilmente lo que se siente verdadero y aporta una curación y un significado más profundos a nuestras vidas. La sanación del alma es cuando seguimos a nuestro corazón para permitir que su voz nos guíe hacia nuestras pasiones y necesidades genuinas.

Los traumas en nuestras vidas siempre tendrán una forma de ser parte de nuestra aura y memoria celular. El recuerdo del trauma permanece, pero el trabajo de sanación puede enviar la luz, la sanación y la paz interior: la gracia de Dios en acción.

El poder de la meditación y la oración permite que la luz de Dios traiga paz en lugar de sufrimiento. Es un proceso con práctica diaria que es esencial, junto con una alimentación saludable y un estilo de vida lleno de buenos pensamientos y palabras.

La meditación se puede hacer en cualquier lugar: en tu coche aparcado, en la oficina o donde quiera que estés. Puede ser corto o puede ser largo. Es lo que haces de él, ya que son tus momentos privados en silencio. Puedo meditar mientras pinto, dibujo o como una deliciosa comida. Lo que más me gusta hacer es amasar pan. El proceso de amasado no necesita reflexión, ya que las manos saben exactamente qué hacer. La mente puede sentir paz y una conexión serena con todo lo que me rodea, incluso con el mundo mismo. Es una conexión especial que suaviza el día y me reconecta con mi fuente divina, el universo o Dios. También es tuyo, y la forma en que te comunicas con Dios también es tuya. No se necesita religión, solo el corazón para conectarnos con lo que sentimos que es verdadero para nosotros. Sigue tu corazón, cree y crea la realidad que quieres en tu vida.

Recientemente, escuché un hermoso video de YouTube con un mensaje pacífico. En algún momento durante el mensaje, me dirigí lentamente a un lugar tranquilo, agradeciendo a Dios por mi día mientras me deslizaba en un silencio pacífico. Más tarde, tuve que reírme de mí mismo mientras rebobinaba el mensaje de video para escuchar lo que me había perdido. Mis momentos de el silencio se mezcló a la perfección con el encantador mensaje de video mientras me deslizaba hacia la tranquilidad perfecta que sentía en mi cuerpo. Era casi como si mi cuerpo hubiera absorbido la serenidad. Otras veces, me siento en silencio y me concentro en un lugar o escena hermosa mientras viajo allí en mi mente para disfrutar de lo que veo o escucho. También es un momento perfecto para preguntar sobre cualquier cosa que me preocupe y esperar una respuesta. A veces, la respuesta llega de inmediato, y otras veces, llega después. En mis meditaciones, priorizo la respiración lenta y profunda y centro mi atención en el centro de mi frente, donde enfoco mis ojos juntos. Me siento completamente relajado y respiro en el espacio tranquilo.

Después, siempre me siento renovado, concentrado y en paz, sabiendo que el universo se ilumina cuando nos conectamos con él. Somos escuchados.

"¡La paz sea con vosotros!" Entonces Yeshúa le dijo a Tomás: "Pon tu dedo aquí; Mira mis manos. Extiende tu mano y ponla en mi costado. Deja de dudar y cree".

–De Los Evangelios de Tomás.

Capítulo Siete
A solas con Dios

Aristóteles dijo: "Dame siete años de la vida de un niño, y te mostraré al hombre".

"Hola Mundo, ¿cómo estás hoy?" Creo que empecé a decir esto todas las mañanas cuando era niño. Luego, repasaba lo que quería lograr en mi día. ¡Mi agenda diaria!

Cuando era niño, eran pequeñas cosas simples como encontrar un lugar para construir una cabaña de ramas en el bosque y luego planificar lo que era necesario para la vida, la familia y el trabajo. El tamaño de las cosas cambia, pero la importancia era solo relativa a mis años. Creo que somos los creadores de nuestra vida y creamos todo a través de nuestras creencias, pensamientos y acciones.

Lo que creemos y guardamos en nuestros corazones crea lo que somos. Mucho de esto y de nuestras creencias comienzan cuando somos niños. Si nuestras experiencias de la infancia nos frenan, es probable que nos sintamos restringidos y nuestras vidas reflejarán esas limitaciones. Si nos sentimos limitados, nuestra programación debe ser reprogramada, pero primero, debe ser reconocida. La ciencia parece concluir que un bebé puede sentir el amor y el rechazo. Los sentimientos de la madre pueden afectar la el subsiguiente sentido de sí mismo, seguridad y estima del niño. Mi hermana nació en la casa de su abuela, rodeada de su madre y su abuela. Tenía que ser un momento de unión cercano y hermoso. Ese vínculo se reflejó a lo largo de sus vidas juntos. Después de que mis padres se divorciaron, mi hermana pasó la mayor parte de su infancia viviendo con su abuela, quien a menudo decía que era como su propia hija.

Mi nacimiento fue un momento muy diferente en la vida de mis padres, ya que su matrimonio se volvió problemático con muchas peleas nocturnas. Cuando nací en un hospital, no asistió ninguna familia, ni siquiera mi padre, que decía que estaba trabajando. Más tarde, mi madre se enteró de que en realidad estaba en la playa con otras mujeres. Los primeros momentos de mi vida fueron muy diferentes a los de mi hermana. Cuando era recién nacida, habría sido consciente del rechazo que mi madre tenía que estar sintiendo. Una vez me dijo que yo era un bebé infeliz, y creo que no era que fuera un bebé infeliz, sino un bebé que podía sentir los sentimientos de la familia. Leyendo el diario de mi madre, aprendí a través de sus ojos y filtros de

Esos primeros días en los que sentía que la familia de mi padre favorecía fuertemente a mi hermana, que se parecía a ellos, y la consideraban como suya. Recordar esto es ver a través de sus ojos y filtros. Escribió que lo visitaban a menudo y, con la excepción de un tío, parecían no estar interesados en el nuevo bebé que se parecía a ella. Las palabras escritas de mi madre estaban llenas de dolor y rechazo. Escribió mucho sobre sus suegros y su madre, cediendo constantemente a los deseos de mi hermana. Iba a almorzar con las abuelas y hacía que le compraran lo que sabía que iba en contra de los deseos de su madre. La agitación y la frustración de mamá estaban claramente escritas, pero mi hermana tenía una forma de conseguir lo que quisiera, que continuaría desarrollándose a lo largo de su vida.

Estos primeros días de mi vida se harían eco de los días posteriores. Los últimos días de su matrimonio fueron bastante turbulentos y el divorcio fue muy feo. Mamá ya había conocido a la persona con la que más tarde se casaría en un salón de baile de la USO. A ambos les encantaba bailar, especialmente la polca y se quedaban hasta altas horas de la noche bailando, mientras que en el

Por la mañana, mi hermana me dejaba chupar papas fritas para mantenerme callada. Parecía que éramos muy cercanos, y creo que ella representaba una imagen enriquecedora para mí y después del divorcio, la busqué por todas partes y la extrañé. Era demasiado joven para entender lo que había sucedido o entender las emociones volátiles de mi madre.

A menudo pensaba en la precaria situación que mamá debía haber sentido al dejar su matrimonio y esperar casarse con un soldado que todavía estaba luchando en la guerra. Tuvo que ser un momento de miedo, ya que podría haberse quedado sola conmigo.

Mi hermana estaba con su padre y su familia, pero permaneció molesta durante toda su vida porque su madre la había abandonado inicialmente a pesar de que solicitó la custodia de ella en el divorcio. Sin embargo, las acciones y palabras de mi hermana fueron lo suficientemente fuertes como para que el juez le concediera su deseo de ir con su padre.

Cuando nuestras nuevas vidas comenzaron, me movían en casas extrañas con personas desconocidas y días y noches sin rumbo, que continuaron hasta que finalmente exigió ir a casa, y todo terminó en la explosión de mi madre. Debe haber sido como otro rechazo para ella en un momento muy vulnerable.

Como resultado de nuestros inicios, surgieron nuestras diferentes personalidades. Uno de nosotros era muy introvertido, callado y reservado, mientras que el otro era extrovertido, decidido y extrovertido. Tal vez todo esto era, de hecho, predecible.

Mi deformidad facial creó una pobre imagen de mí mismo con miedo que se ramificaba como una enredadera que crece a través de un campo, aferrándose y envolviéndose alrededor de cualquier enredo en su camino. Sin embargo, más tarde aprendí que también puede ser nuestro mejor maestro.

El día que traté de hablar con mi madre y tener una conversación tranquila sobre lo que sucedió, nunca olvidaré haber presenciado el miedo en sus ojos. Quería sacarlo de la oscuridad y llevarlo a la luz para que pudiéramos sanar juntos.

Mi subconsciente lo enterró todo durante tantos años y, aun así, solo me mostró pequeños fragmentos de esos terribles momentos. Ese terrible momento parecía ser el culminación de muchas cosas en su vida, todas llenas de un arrebato volátil de miedo e ira desatado salvajemente en un estado alterado de conciencia que estaba desapegado y desconectado de su sentido de sí misma. Me sorprendió que no pudiera enfrentarlo o tal vez no quisiera recordarlo y salió rápidamente de la habitación, murmurando algo sobre que estaba relacionado con el nacimiento. Entonces me di cuenta de que la única forma en que podía vivir con eso era fingir que no lo hacía. Sin embargo, había una foto mía de estudio colgada en la pared, que me mostraba sentada en el regazo de mi madre, tomada justo antes del incidente, revelando mi rostro y perfil perfectos, sin problemas de nacimiento heredados ni imperfecciones. Más tarde, mi hermana eliminó esa foto y tiene todas las demás fotos de mi primera infancia y, por supuesto, no comparte ninguna de ellas.

El sistema penal debe ser muy exigente para determinar la culpabilidad o inocencia de una persona cuando pierde todo sentido de sí misma y desata tanta violencia sobre otra persona. Todo es una separación de Dios y una completa falta de amor, momentos de locura. Tuve aprendió de primera mano lo horrible que puede ser para la víctima y el perpetrador.

Creo que llegamos a nuestras vidas para aprender lo que necesita corrección. Obviamente, el temperamento de mi madre fue su defecto que no solo perjudicó su primer matrimonio, sino que también casi me cuesta la vida. Pero aún así, era un alma humana hermosa en un mundo grande, tratando de hacer frente al mismo tiempo que deseaba la felicidad. No podía mostrar afecto físico real, pero sí mostraba amor de otras maneras. La amaba a pesar de todo. Durante mis años de trabajo, planté glorias de la mañana para sonreír al llegar a casa. Eran una de las flores favoritas de mi madre. Era mi manera de seguir compartiendo algo que ella amaba.

No estoy seguro de por qué fui bendecido con estas personas en mi vida, pero eran mi familia. Tuve que aprender a vivir más allá de nuestros fracasos, aceptarlos y seguir adelante. Tal vez esta vida fue una nueva oportunidad para corregir viejos fracasos de no permitir que los sentimientos y las acciones de los demás arruinaran mi vida.

Cuando la gente no te ama, no te ama. No podía forzar el amor ni forzar para que cambien. No diré que esto es fácil porque no lo es. Se supone que su familia y su pareja son su puerto seguro, pero a veces no lo son. Entonces, yo soy la que necesitaba cambiar y, al igual que mi madre, me arriesgué mucho a la posibilidad de algo mejor al dejar el matrimonio y crear una nueva vida de amor. Más tarde, cuando quise comunicarme, me enteré de que nada había cambiado con mi familia.

Escuchar a mi abuela por teléfono resumía bastante bien las cosas. Me dijo que me deseaba una vida feliz y me dijo: "Todo el mundo es feliz ahora. Sabía que mi hermana me había mentido, pero no le importaba, ya que era como una hija para ella, por lo que nunca le diría nada. Se alegró de ver a mi hermana finalmente feliz con su madre e incluso con mi padrastro. Todo estaba bien".

Entonces, poco después, una noche, mi madre se me apareció de repente para decirme que había fallecido. Se preocupaba por mí y quería que supiera que me amaba. Puede que no tuviéramos el mismo vínculo que mi hermana, pero teníamos un vínculo. Nuestra relación tenía muchos problemas, pero mi

El camino a seguir era recordar lo bueno y dejar ir el resto; sólo el momento presente era importante.

Me senté en nuestro patio, incapaz de dormir mientras miraba las olas del mar, inhalando y exhalando hasta la madrugada, contenta de que mamá finalmente estuviera en paz y fuera un nuevo día.

Lamentablemente, el divorcio de mis padres nos separó a mi hermana y a mí, creando heridas dolorosas y profundas. El amor era el único sanador que podía sanar nuestros corazones, pero ella eligió caminos y emociones diferentes.

De la tragedia y el dolor surge la oportunidad: nadie tiene poder sobre nosotros a menos que se lo permitamos. Tuve que dejar ir *de nuevo* las situaciones insostenibles con la familia que me quedaba.

Lo que ponemos en el mundo volverá a nosotros en amistades, logros, matrimonio, vida y felicidad. Me negué a dejar que todo el dolor de tantos años me definiera. Cada día es nuevo con nuevos momentos, que son los únicos momentos importantes en nuestras vidas. Hay tanta belleza en el mundo con tanta felicidad para disfrutar.

Algún tiempo después, con un amigo en un deslumbrante y habitual día soleado hawaiano en la calle Makiki, nos dirigíamos a nuestra heladería favorita con el dinero suficiente para comprar nuestros famosos conos de helado de café cuando comenté que todo lo que necesitábamos para completar el día era el periódico del domingo para leer mientras disfrutábamos de nuestro helado. De repente, los hermosos vientos alisios de Hawái barrieron todos los patios cercanos, enviando páginas giratorias a nuestro alrededor en el aire y aterrizando perfectamente a nuestros pies. El periódico del domingo estaba completamente doblado. Inclinándome y recogiéndola, comenté: "¡Pedid y recibiréis!", mientras que mi amigo dijo: "No, esto no se pide, y recibiréis. ¡Esto da *miedo*! Cada vez que me acerco a ti, suceden las cosas más extrañas". Le respondí que cuando tú, Dios y tu fe estáis solos en el mundo, suceden cosas extrañas. Mi amiga insegura pero tolerante finalmente sonrió mientras caminábamos para comprar nuestros conos de helado y disfrutar de nuestro periódico dominical: nuevos comienzos.

Todo lo que he vivido me ha ayudado a entender el dolor de los demás y a sentir sus hermosos corazones. Podía sentir su dolor porque había sido mi dolor. Este libro se extiende más allá de esas experiencias para ayudar a otros a buscar el momento presente y sentir solo amor. El pasado se ha ido, y aunque ayudó a construir nuestro carácter y personalidad, nunca nos definirá porque más allá de las experiencias está nuestro verdadero yo, nuestra imagen de Dios dentro de nosotros.

Capítulo Octavo

Cómo se mezcla la vida

Cómo se mezcla la vida

Como alguien que no es un escritor profesional, me tomó mucho tiempo escribir este libro y mantener la paz con el recuerdo del pasado. Por favor, perdona cualquier error o deficiencia en mi escritura. He aprendido que la vida aquí en la tierra puede ser difícil y requiere mucha paciencia, amor, bondad y oración. A veces, podemos sentir que nos aferramos desesperadamente al costado de un bote mientras las olas del océano nos sacuden. Pero cuando nos sentimos desesperados, de repente aparece un helicóptero para rescatarnos. A veces, ese "helicóptero" no es más que la fe misma. La fe de que no importa lo que esté pasando, *esto también pasará*. Al final todo pasa. Todos hemos experimentado esto muchas veces en la vida cuando sentimos que no podemos aguantar un momento más, pero de alguna manera, lo logramos. La ayuda siempre llegaba, incluso si no era de la forma esperada, y a veces, y generalmente la mayoría de las veces en el último segundo.

Tuve la gran suerte de que a lo largo de mi infancia, mis padres y yo hacíamos viajes maravillosos en familia, alquilando cabañas en los bosques de Maine o ir al Ogunquit Playhouse, viajando en ferry a las islas alrededor de la costa de Maine. Mamá y yo enlatamos más de doscientos litros de verduras cada año para nuestra comida de invierno. Tuvimos hermosas Navidades, y en la escuela secundaria, mis padres vieron que tenía todo el material necesario para tener la mejor experiencia posible. Sabía que el amor y el cuidado existían, pero no lo sentía en mi corazón porque no había caricias, palabras ni abrazos. Lo que me pasaba siempre era el elefante escondido en la habitación, esperando respuestas que nunca llegaban. Me tomó años de sanación encontrar la confianza y la autoestima para pedirle a la vida lo que era mío. Todos mis sentimientos estaban metidos en mi interior, esperando a que encontrara la llave para liberarme.

Si bien sucedieron tantas cosas buenas en mi infancia, faltaban los sentimientos de ser amado y querido. No había palabras de alguien que me dijera que era especial o hermosa. Mi vida emocional estaba cerrada y ni siquiera podía llorar cuando me sentía triste.

Recuerdo vívidamente un incidente hace años cuando viajaba en un autobús en Honolulu y vi a dos jóvenes encantadoras sentadas frente a mí. Estaban vestidas con encantadores vestidos femeninos, los ojos brillaban mientras burbujeaban de felicidad, hablando entre ellos. Tenía envidia y traté de determinar por qué me llamaban tanto la atención. Entonces me di cuenta de que detrás de estas jóvenes encantadoras de modales gentiles y voz suave había dos hermosas madres. Estas dos encantadoras jóvenes habían sido madres y eran un delicioso reflejo de ese amor maternal. No sé si mi madre había experimentado eso con su madre, pero sí sé cómo se siente cuando falta: el poder de un abrazo, un beso y una caricia que nos hace sentir queridos y amados.

Todas mis experiencias, buenas, trágicas y tristes, me trajeron a este lugar de mi vida con el énfasis en lo que era bueno y menos en lo que faltaba. A veces, no somos amados o no nos sentimos amados por personas que deberían amarnos. Entonces aprendemos que no se trata de nosotros, que un niño no ha hecho nada malo cuando el amor, el afecto y el cuidado no se devuelven. Se trata de que el padre sea desdeñoso o incapaz de mostrar ese afecto. Una vez que te das cuenta de que es su fragilidad emocional no sanada, es fácil perdonar e incluso sentir compasión. No hace que su comportamiento sea correcto o incorrecto, sino lo que es: una fragilidad no sanada que proyecta una carencia dolorosa en otra persona. Afortunadamente, cuando nos convertimos en adultos y si la situación sigue siendo demasiado dolorosa, podemos evitarla alejándonos de la persona o situación. No puede haber arrepentimientos; Todo es parte de la vida y del aprendizaje. Recorrí un camino largo, sinuoso y lleno de muchas experiencias, que me llevaron a este punto de la vida, el momento de la felicidad. Más allá de nuestra infancia, no es responsabilidad de nadie llenar nuestra copa. Es nuestra responsabilidad llenar nuestros corazones y dejar que nuestras copas se desborden. Encontrar lo que nos hace felices y buscarlo en abundancia. Entonces, podemos conocer la alegría de compartir.

Ver a Dios en todas partes es verse a sí mismo en todo.

Nuestro bosque de cien acres, donde tuve el privilegio de pasar mi juventud, me enseñó la importancia de la naturaleza en nuestras vidas. Era la música de mi alma. Mis días en nuestro bosque de cien acres se convirtieron en mi experiencia thoreauviana, razón por la cual Walden me conmovió profundamente. Thoreau obtuvo del bosque lo que otros obtuvieron mientras estaba sentado en la iglesia. Era su lugar sato, donde los árboles eran su catedral. Su sentido de lo divino en la naturaleza me habló a lo largo de mi vida. Cada vez que me sentía perdida o sola, pensaba en sus palabras y en él como un alma gemela que podía hablar de mi diferencia.

Vive cada estación a medida que pasa; respira el aire, bebe la bebida, saborea la fruta y resígnate a las influencias de cada una. Deja que sean tu única bebida dietética y medicinas botánicas. – Henry David Thoreau

La vida presentará muchos escenarios a lo largo de nuestras vidas. Fui bendecido con una infancia llena de naturaleza para darnos cuenta de nuestra conexión con toda la vida. Dios sabe que cometeremos errores o tomaremos decisiones equivocadas, pero estamos aquí para aprender. Sería mucho

Es más fácil si todos pudiéramos vivir en una tienda de campaña en el desierto como los *Padres Egipcios del Desierto* y tener poca o ninguna interacción con otros humanos. ¿Cuántos problemas podemos encontrar mientras vivimos solos en el desierto, además de aplastar el incómodo reino de los insectos animales? Pero dado que la mayoría de nosotros tenemos familias, trabajos, vecinos, hijos, etc., interactuamos con el mundo humano y tenemos oportunidades para todo tipo de bendiciones, familias y contratiempos. Mis maestros ministeriales se refieren a los errores como un error de pensamiento, creando así una posibilidad de corrección. Creo que así es exactamente como Dios se siente. Cada día nos da una nueva oportunidad para esas posibilidades. Con cada disciplina, se nos ofrece un nuevo comienzo para escalar más alto y alcanzar nuevas metas. Es magnífico, con infinitas posibilidades, para hacer realidad nuestros sueños. Caminando de la mano con nuestros hermanos y hermanas, podemos crear un planeta amoroso de almas amorosas y paz. Simplemente amando a cada uno

Me tomó gran parte de mi vida aprender que es a través de las tragedias que obtenemos un mayor sentido de propósito. La gloria de Dios está dentro de nosotros cuando lo hacemos. Parecía ver mis sufrimientos al principio de mi vida como algo justo mi suerte en la vida hasta más tarde, durante la curación, aprendí a aceptar mis tragedias como si no fueran mi suerte en la vida, ni la de nadie, sino la oportunidad de elevarme por encima de las circunstancias difíciles, las aflicciones y los sufrimientos para encontrar una mayor fortaleza con Dios. Nadie entendió esto mejor que San Pablo en sus hermosas cartas a los Filipenses, llamadas la Epístola de la Alegría en el undécimo libro del Nuevo Testamento.

Quiero conocer a Cristo y el poder de su resurrección y el compartir sus sufrimientos al llegar a ser como él en su muerte, si de alguna manera, puedo alcanzar la resurrección de entre los muertos. Pablo en Filipenses 3:10

Mis padres se han unido a Dios, y oro por ellos mientras comienzan su nuevo viaje. En nuestras vidas, compartimos, todos crecimos, aprendimos y disfrutamos juntos en cualquier capacidad que tuviéramos, y creo que a medida que su viaje continúe desde este mundo, continuará en el próximo. Aprender y crecer nunca cesan, ya que se nos promete la vida eterna como nuestro viaje sin fin.

Querido Dios, *gracias por mis padres y nuestro viaje compartido. Rezo por su descanso eterno, paz y amor mientras persiguen el próximo plan de Dios. Rezo para que mi mamá tenga paz y amor por su integridad. Sé que Dios la está bendiciendo y ayudándola. Que siempre nos amemos y nos bendigamos unos a otros, y que mis padres conozcan mi gratitud por darme la vida. Rezo para que dejemos ir cualquier dolor o tristeza y sintamos y abracemos solo tu amor. Yo creo, y así es, Amén.*

Éramos una familia como cualquier familia, con su cuota de alegría y tristeza. Tuve el privilegio de compartir todo lo que hicimos con mis padres, de haberlos conocido en su humanidad y de entender su luz que bendijo mi vida de tantas maneras. No hay un camino correcto o incorrecto, solo el camino de Dios, el camino que elegimos que nos verá a través de la vida aprendiendo todo lo que necesitamos saber para que nuestra alma se expanda y se expanda.

crecer. Podemos tomar muchos caminos secundarios en el camino, pero eventualmente, regresamos a donde pertenecemos para terminar nuestro viaje con Dios. Aprendemos a ser quienes somos y alcanzamos metas más altas a través de nuestras adversidades. Cuando bendecimos nuestras adversidades, las superamos.

Jesús prometió: Yo les doy vida eterna; y no perecerán jamás. –Juan 10:27

Poco a poco comencé a relajar mis pasos de regreso a casa y a pensar en la cálida chimenea que me esperaba, mi silla favorita y mi hogar. El hogar es donde reside el corazón y mi querido y amoroso esposo y querido gatito, Edwin Hubble. Edwin es un elegante gatito de esmoquin que llegó a nosotros a través de Tara Rescue Service que nos trajo este cubo de amor perfectamente educado. Mi amoroso y amable esposo y yo hemos compartido más de treinta años increíbles. Somos una familia, mientras que nuestros hermanos e hijos viven en Hawái y están repartidos por todo el país. ¡Tantas bendiciones! La tecnología nos mantiene a nosotros y a nuestros amigos conectados e informados sobre la vida diaria de todos. A medida que me acerco al camino hacia la puerta de nuestra casa, mi caminar toma un nuevo salto, ya que estoy feliz de estar en casa y vigorizado por una naturaleza tan agradable para caminar. La chimenea eliminará rápidamente el frío del día. Todo en mi vida me ha permitido ver la hermosa bondad de Dios. Las cosas más pequeñas nos dan la mayor alegría: una caricia, una sonrisa, una brisa que sopla en nuestra cara, el calor del sol, todos estos dones de la Bondad. Un hombre amoroso en el que recostar mi cabeza mientras compartía películas juntos. La sonrisa embriagadora de un ser querido. La euforia de cada impresionante estación mientras plantamos nuestras flores juntos y disfrutamos viendo crecer todo. La paz de sentarse juntos en el porche, escuchando el sonido ondulante del agua de la fuente mientras los pájaros cantan melodías de canto en árboles y ramas. La broma del cacao tibio compartido cuando se sentaba cerca del fuego en invierno; todo esto y mucho más nos es regalado como la bondad de Dios. Estos momentos llenan nuestros corazones y tocan nuestras almas para convertirse en recuerdos preciados para atesorar. La dicha del amor de la familia, los amigos, los vecinos y los compañeros de trabajo, todas las bondades que podemos compartir a lo largo de cada día se disfrutan como nuestra mayor bendición. Si bien esta muestra física de amor faltaba durante mi infancia, llegó en abundancia más tarde en la vida. Cuando somos sanados, nuestros ojos se abren de repente para atraer y apreciar nuestras vidas llenas de tanta Bondad. La bondad de Dios y todo es gratis para recibir.

Somos los escritores de nuestro libro de la vida; Somos su autor que escribe cada palabra y cada acción a través de lo que decimos y hacemos.

Si tu mente se vuelve firme como una roca y ya no tiembla
En un mundo donde todo está temblando, Tu mente será tu mejor amiga. Y el sufrimiento no se cruzará en tu camino.
—Buda

Una base para la esperanza es ver las cosas para mejor, para los más felices.

*"Nunca disfrutas del mundo correctamente,
hasta que el mar mismo fluye por tus venas,
hasta que te vistes de los cielos y te coronas de
las estrellas; y percíbete a ti mismo como el
único heredero de todo el mundo y más. . .
porque en ella hay hombres que son cada uno
de ellos únicos herederos así como tú. . . Hasta
que tu espíritu llene el mundo entero, y las
estrellas sean tus joyas".*
— Tomás Traherne

Me he sentido muy honrada de compartir mi vida, experiencias, lecciones y alegría con los lectores de este libro. Gracias por permitirme entrar en tu vida y en tu corazón. Rezo para que el viaje y las experiencias de mi familia puedan, de alguna manera, ser lecciones para su vida. Rezo para que en algún lugar de esta crónica haya palabras para llenar alguna necesidad que puedas tener.

¡Que todos tus días sean bendecidos con el más cálido Amor y muchos Abrazos!

Segunda parte

Cartas de Sophie

Cartas a Sophie

Después de llegar a casa y darme una ducha rápida para quitarme el calor de la mañana, me acomodé en mi sillón favorito para comenzar a escribir el mensaje que escuché del alma de la naturaleza que presencié esa mañana y de mi corazón.

Cuando comencé, necesitaba alinear mi pensamiento con las palabras de Dios.

Querido Dios, tu preciosa hija, Sophie, fue cruelmente atacada y su rostro quedó terriblemente marcado. Estoy orando para que me uses para ayudar a Sophie y a su familia. Que mis palabras y pensamientos escritos sean tus palabras y pensamientos, y que por tu amor y luz la eleves por encima de todo lo que ha sucedido. Rezo para que Sophie continúe siendo el alma segura, amorosa, cariñosa y hermosa para la que la creaste.

Rezo para que Sophie se eleve por encima de la maldad, el dolor y el drama de un alma perdida y descarriada. Si bien la justicia es tuya, confío en que lidiarás con esto con justicia a la perfección. Rezo para que el alma de Sophie sea libre y capaz de perdonar a la persona que creó este terrible daño.

Ruego esto en el nombre y el amor de Jesucristo, nuestro Salvador. Gracias. Amén.

Me dirigí a mi escritorio y saqué una hoja de papel. Decidí usar uno con una delicada ondulación grabada a través de él. Y comenzó a escribir:

De :Mary-Eisa

Queridísima Sophie,

Gracias por ponerse en contacto conmigo y compartir su dolor. Me entristece y lamento lo que has sufrido. Me siento honrado de tratar de compartir todo lo que pueda para ayudar. Me has preguntado cómo soporté un dolor similar. Las palabras parecen

1

Nota: Dos de mis cartas han sido reimpresas aquí con el permiso de Sophie. El resto de nuestra correspondencia sigue siendo privada.

No estoy a la altura de expresar cosas tan difíciles, pero haré todo lo posible para decirles lo que pueda.

Me contaron de la terrible tragedia que le ocurrió a su vida, y siempre es complejo comprender la crueldad de los demás. Debe ser terrible para alguien no sentir a Dios. Creo que las personas que hacen cosas tan horribles están en ese espacio horrible, sintiéndose solas. Lamentablemente, hay personas con tanto dolor que quieren que alguien más sufra y sienta su dolor también. Por lo que podría ser solo un breve momento, su dolor es tan

Es genial que solo pudiéramos decir
que reaccionaron como una persona
inconsciente en la locura o la locura.
Durante esos momentos horribles y
crueles, pierden el control y ellos mismos
están siendo controlados por el mal o
ciertamente no por sus mejores ángeles.
Recordamos esto cuando recordamos a
Jesús hablando a su Padre desde la cruz
y diciendo: "Padre, perdónalos, porque
no saben lo que hacen".

A veces, comprender a una persona
puede ayudarnos a perdonar, pero no
significa que podamos olvidar o que la
comprensión

disminuirá nuestro dolor. Ayudará, pero el dolor es real. Enfrentarán muchos desafíos en los próximos años, pero sé que los enfrentarán con gran determinación para ser fortalecidos por todo. Puedo sentir tu fuerza en tu carta. Tu fuerza te llevará a través de todo esto a un lugar de paz y una buena vida. La hermosa vida que Dios planeó para ti. Dios conoce tus sueños, cada uno de ellos, y esos son también sus sueños para ti.

Quiero que siempre sepas que mientras no estoy allí contigo en persona, estoy aquí, unidos a ti en corazón, oraciones y espíritu. Hasta que nuestras cartas se vuelvan a encontrar, sé que serás fuerte en fe y espíritu, recordando que Dios está contigo, así como mi constante cuidado y oraciones están siempre contigo.

Te estoy soplando un cielo lleno de besos de amor. ¿Puedes atraparlos?

Te veo envuelto en las más cálidas bendiciones del amor.

María-Eisa.

Cuando dejé mi bolígrafo, mi corazón tiraba de mí en este momento desgarrador. ¿Es suficiente? ¿He dicho lo suficiente? Finalmente, confiando en el momento

Dirigí el sobre y lo coloqué en él, lidié con lo terrible del momento. Sophie es muy joven y ha sufrido mucho. Se necesitará mucha fuerza, coraje y todo el apoyo que podamos darle para sobrevivir a su terrible experiencia. Pronto hará la pregunta más difícil: ¿Por qué y dónde estaba Dios cuando una persona horrible atacó a una joven tan hermosa y le cortó gravemente la cara en un último momento de vileza para privarla de su belleza y de su inocencia? Que el amor y la sabiduría de Dios estén conmigo. Dios, por favor, pon tu mano en esto. Por favor, ayúdame, ayúdala a ella, contigo. Conozco su dolor y, aún así, lucho con la forma en que algunos hacen cosas tan terribles. El agresor de Sophie era desconocido para ella, pero la ha dejado emocionalmente marcada de por vida. La vida contiene muchas preguntas sin respuesta sobre nuestro prójimo.

La justicia no es nuestra, sino obra de Dios.

Todas estas son situaciones tremendas con las que luchar, y vamos profundamente dentro de nosotros mismos para encontrar el lugar dentro de nuestro hogar.

corazones para amar sin importar lo que nos pase.

Dije en mi corazón: Dios juzgará a los justos y a los impíos, porque ha señalado un tiempo para cada asunto.
Eclesiastés 3:13

Todos hemos oído o leído de personas que han hecho cosas terribles a causa del dolor. Este es un costo masivo para nuestra sociedad encarcelar o perder todo ese tremendo potencial humano en nuestro mundo. Debemos trabajar más duro para resolver nuestros problemas sociales y convertirnos en una civilización más compasiva y saludable. A puerta cerrada en algunas familias hay individuos muy disfuncionales a los que la sociedad pagará un alto precio. Al igual que en mi propia familia, también fue sorprendente la cantidad de personas que se convirtieron en facilitadores de personas abusivas al no hablar o excusar, ignorar o incluso negar el comportamiento. Rezo para que aprendamos a responsabilizar mejor a las personas por el dolor y el comportamiento destructivo que causan,

especialmente a nuestros hijos.
Necesitamos conocer nuevas formas de
reconocer a los enfermos

antes de que lastimen a otros. Enseñar el perdón en las clases escolares o a través de iglesias más evolutivas podría ser un camino para sanar a los que sufren antes de que dañen a otros. Esta es una conversación significativa que creo que necesitamos mucho para crear sociedades más saludables.

Entender el mal en nuestro mundo es difícil, y encontrar el perdón es igual de difícil. Vencer es amar mejor sin importar lo que la vida nos depare, lo cual requiere una gran determinación. Sophie necesitará un gran amor, y con Dios, quiero apoyarla en todo lo que pueda.

No te dejes vencer por el mal, sino vence el mal con el bien. Y ahora permanecen la fe, la esperanza y el amor, estos tres: pero el mayor de ellos es el amor. 1 Corintios 13:13

Hoy me senté a contestar la segunda carta de Sophie. De hecho, ha formulado la pregunta más difícil.

De: Mary-Eisa

Queridísima Sophie,
Estaba tan emocionada de recibir su
hermosa carta. Es una noticia
maravillosa que la primera cirugía haya
terminado y que se esté recuperando
bien.
Si bien es la primera de dos cirugías,
esta ha terminado y me dicen que fue
muy exitosa. Los médicos pueden hacer
muchas cosas increíbles.
Pronto, todo esto quedará atrás y solo
dejará recuerdos. Como hemos
comentado antes, nadie merece ser
atacado físicamente.

Dañado. Es un acto malvado, y mi corazón se rompe porque esto te sucedió. No te merecías esto, ni nadie lo merecía. Dios nos ha concedido a todos el libre albedrío para tomar nuestras propias decisiones. Dios nos concedió esta libertad y no interfiere con las decisiones de nadie. Desafortunadamente, vivimos en un mundo en el que algunas personas toman decisiones equivocadas. Toman decisiones que causan daño o dolor a otra persona. Mientras suceden estas cosas terribles, Jesús llora y revive su crucifixión. Él sufrió terriblemente el día de su crucifixión para que pudiéramos ser perdonados por estos males o decisiones equivocadas.

Si bien Jesús nos promete que somos perdonados, también promete la justicia de Dios para aquellos que cometen el mal.

La Biblia dice en Romanos 12:19 "Dejadlo a la ira de Dios, porque está escrito: Mía es la venganza. Te lo pagaré". Dice el señor.

Y en Romanos 12:18 la justicia nos asegura que algún día todos responderán por lo que han hecho, y se administrará justicia. Dios es tu consuelo. Dios puede

Sana tu corazón y tu mente como nadie
más puede hacerlo.

El Señor está cerca de los quebrantados
de corazón y salva a los quebrantados de
espíritu. Salmos 34:1
Mi salmo favorito es el 23:4 Aunque
ande por el valle de sombra de muerte.
 No temeré ningún mal.
Porque tú estás conmigo.
Tu vara y tu cayado me
consuelan.

Por favor, comprenda que nada de esto
fue culpa suya y que Dios está a cargo.
Los tribunales harán lo que los
tribunales

hazlo, y Dios hará el resto. Tu trabajo es sanar en cuerpo y mente y dejar ir el resto. Estoy muy feliz de que tengas amigos y familiares maravillosos a tu alrededor. Serán un gran consuelo para ustedes, y sepan que estoy con ustedes en corazón y oración mientras nuestras cartas continúan. Todos celebraremos la alegría sanadora que tanto te mereces. Eres tan hermosa y tienes una gran fuerza. Nada ni nadie puede quitarte tu belleza o tu alma.

En 1 Pedro 3:4, la Biblia dice: "Es tu hermosura inmarcesible de espíritu apacible y apacible

eso es lo más precioso para Dios".
Habla de tu belleza, Sophie. Dios te
aprecia así como aprecia a todos sus
hijos. También aprecio su fe, coraje y
amistad, así como a sus seres queridos a
su alrededor.

Supongamos que ves un globo azul
brillante con tu nombre y una nota
metida dentro con mi oración por ti. Es
tu globo, Sophie, el que soltamos esta
mañana para que vuele y toque la faz de
los cielos. Mi familia y yo lo
observamos hasta que se perdió de vista,
y fue una vista hermosa.

¿No sería maravilloso si lo vieras, pero incluso si no lo haces, está adornando los cielos sobre ti, llevando una oración solo para ti?

Besos y abrazos, y las más cálidas bendiciones siempre de Amor.

María-Eisa

La oración de Sophie a Dios estaba dentro del globo.

Queridísimo Dios, rezo por la completa paz de la mente y el alma de Sophie.

Que su cuerpo sea sanado y restaurado. Que sus médicos sean guiados con la sabiduría para saber exactamente cuál es la mejor manera de ayudar a Sophie y, con el amor de Dios, ver su curación completa.

Que Sofía sea sanada a la perfección en la que fue creada, íntegra y perfecta en todos los sentidos.

Que siempre esté rodeada de amor y paz mientras continúa su viaje en la vida con cautela pero sin miedo ni ira hacia nadie.
Te lo ruego, querido Padre, en tu nombre y en el nombre de tu hijo Jesucristo, Amén.

Sophie y yo todavía mantenemos correspondencia, y ver lo hermosa que es su vida hoy en día es una alegría extraordinaria. Ha encontrado su camino para estudiar medicina, un tributo a sí misma, a su familia, al mundo y a Dios.

Caminando a
lo largo de Mi
sombra a mi
lado Mirando la
luna.
–Sodo

Tercera parte

Oraciones y reflexiones.

En la víspera de Navidad de 1968, los astronautas dijeron: "Y, para todas las personas en la Tierra, la tripulación del Apolo 8 tiene un mensaje que nos gustaría enviarles". Y comenzaron a leer la historia bíblica de la creación. "En el principio, Dios creó los cielos y la tierra".

La historia de la creación nos llega en la víspera de Navidad, incluso los directores de vuelo de ojos acerados en el Control de Misión lloraron. El espíritu de Apolo entregó un mensaje de paz para toda la humanidad.

Desde un joven piloto canadiense de la RAF hasta Juan el Bautista y los astronautas del Apolo 8, cada uno buscó alcanzar y tocar el rostro de Dios. Y ahora, es nuestro turno de extender la mano y tocar el rostro de Dios. Estar en la presencia del Santo y saltar de alegría por la venida de Jesús como uno de nosotros, carne de nuestra carne y hueso de nuestros huesos.

Una flor no habla

Silenciosamente, una
flor florece En silencio,
se cae,
Sin embargo, aquí, ahora, en este
momento, en este lugar,
Toda la flor, todo el mundo, está
floreciendo.
Esta es la charla de la flor, la verdad
de la flor:
La gloria de la vida eterna está
brillando plenamente aquí.
–Zenkei Shibayama

*Juntos en el
Corazón es una
maravilloso
lugar para
estar.*

Caminando en el amor

Dios mío
Que siempre camine en tus pasos de
amor,
Y ora para ser una luz que brille
de tu gloria,
Que mi corazón siempre abrace tu
amor,
Y arrojar luz sobre todo lo que conozco.
Que me guíe por tu sabiduría y me
sienta seguro,
Y envuelto en tu paz.
Que nunca me aleje de la pureza de
tu amor.
Que me llene de tu luz, y
que siempre sea esa luz,
hasta que me guíes a casa.
Amén.

Todo lo que tiene un principio
tiene un final.
Haz las paces con eso y
todo estará bien
–Buda

Cada día es una bendición

Buenos días, Dios,
gracias por este día,
Gracias por todas tus bendiciones en
mi vida.
Rezo esta mañana para que tu amor
llene mi corazón,
Y fluye a los corazones de todas las
demás almas.
Rezo para que vivamos juntos en
un mundo en paz y amor.
Un mundo libre de guerras.
Donde convivimos en armonía. Un
planeta creado por ti en el amor.
Que así sea.

No cierres el libro de la vida
Cuando suceden cosas
malas, solo recuerda que
es una oportunidad.
Para pintar un lienzo
completamente nuevo, para
comenzar un capítulo
completamente nuevo.

Árboles

Creo que nunca veré
Un poema tan hermoso como un
árbol.
Un árbol cuya boca hambrienta se
agita Contra el dulce pecho que fluye
de la tierra;
Un árbol que mira a Dios todo el
día, y levanta sus frondosos
brazos para orar; Un árbol que
puede, en verano, llevar un nido
de petirrojos en el pelo;
sobre cuyo seno ha caído la nieve;
Quien vive íntimamente con la
lluvia, Los poemas son hechos por
tontos como yo, Pero solo Dios
puede hacer un árbol.
–Joyce Kilmer

*Mirar las cosas de una manera
nueva Te permite ver las cosas
Todo nuevo y
diferente.*

Respirando amor

Mi cuerpo fluye con
amor, fluye como un río
de amor.
Soy como las olas del océano que
estallan a través de un valle,
Me levanto dentro y fuera como con el
aliento de Dios.
Desde la montaña más alta hasta el
arroyo más bajo,
Deseo fluir como corrientes de amor.
Para ser limpiado por las aguas
prístinas del cielo.
Y siente la vibración y la chispa eterna
de Dios.
Llenándome de salud, resplandor y
amor.
Amén.

*La forma en que lo veo es
que quieres ver el arco iris
Hay que aguantar la
lluvia.*
–Dolly Parton

Integridad

Querido Dios, quítame mi dolor.
Permite que mi cuerpo sea sanado.
Que cada célula de mi ser irradie de
amor.
Rezo para que cada órgano haga su
trabajo perfecto.
Desde la parte superior de la cabeza
hasta los dedos de los
pies.
Que mi cuerpo fluya dentro de la luz de Dios.
Curado y perfecto.
En todos los
sentidos,
Gracias, Dios
está hecho.

Toda la inspiración
Y el conocimiento del
mundo no puede ayudar
Hasta que estés listo para
aceptar y pedir ayuda.

Perdí mi camino

*Querido Dios, hoy perdí mi camino
y caí en la desesperación.
Las palabras de otro me calaron
el corazón.
Mientras mis lágrimas corrían como
lluvia. De repente, sentí tu amor a mi
alrededor.
Mientras tus manos recogían mis
lágrimas. Sabía que no había palabras
que pudieran volver a hacerme daño.
Con un corazón
agradecido. Amén.*

Todo lo que va a
ser creado debe
comenzar
primero en la
mente.
Como toda la
creación debe
Primero, comenzar,
Allí.

Mantener a mi hijo seguro

Querido Dios, rezo para que mi hijo y todos los niños estén seguros en la escuela.

A medida que los niños viajan a la escuela, rezo para que lleguen sanos y salvos.

Rezo para que los maestros sean guiados en el cuidado de cada niño. Que los niños y los maestros tengan días seguros y amables.

Rezo para que los ángeles de Dios rodeen y bendigan a todos los niños y escuelas.

Esta es mi oración por todos nuestros hijos.

Y así, es ahora y siempre.

Cree siempre
Que algo maravilloso está
a punto de suceder,
¡Y lo hará!

Unido

Hoy estaré unido en matrimonio,
Creando nuestra unión de amor.
Al comenzar nuestro camino alegre juntos.
Que cada día fortalezca nuestro vínculo.
Y sin excepción, contemplad la luz en el otro,
y, que el universo siempre nos bendiga y nos sonría, mientras la alegría en nuestros corazones continúa para siempre.

Amén

¡Es un Año Nuevo!
Es hora de sonreír mucho
más grande Ríe un
poco más fuerte
Encuentra más para
regalar
Y aún más para perdonar.
Ama con todo tu corazón
Canta las canciones de
alabanza Y baila la danza
de la Alegría

Seguridad en un mundo de caos

Querido Dios, no me siento seguro en nuestro mundo con tanto caos. Rezo por un futuro basado en el amor, no en el odio y la violencia.

Seguro para la familia y el hogar.
Un mundo con trabajo agradable.
En un ambiente de trabajo afectuoso y agradable.
Quiero hacer cosas amorosas en mi mundo.
Para ver los sueños convertirse en realidad, los pondré todos contigo.
Gracias por mi vida, mis sueños y por ti.

Amén

Sé agradecido por todos aquellos
a quienes puedes amar.
Y por cada segundo tienes que
hacerlo.
La vida es tan preciosa que si la
gastas
Bendiciendo a todos los que amas.
Cada día será como un
regalo mágico.

Amarme a mí mismo

*Elijo verme a mí mismo como Dios
me ve.
Íntegra, hermosa y libre. Acepto
que he sido creado en la
perfección de Dios.
Precisamente como Dios quería que
fuera.
Amén*

Forever se compone de ahoras.
–Emily Dickinson

Dios se llevó a casa a mi amado

*Sé que tu amor ahora está siempre
con (nombre del ser querido)
manteniéndolo a salvo mientras los
ángeles lo guían a casa. Al lugar
donde solo hay amor.*
*A medida que dejo ir cualquier miedo,
saber que (él/ella) está bajo tu cuidado
amoroso. Confiando en que están
eternamente a salvo. Con los recuerdos
a salvo en mi corazón. Nuestro amor es
como un cordón que nos une.*

Y nunca se romperá.
*El amor es eterno y nuestro vínculo
es eterno.*

Hasta que nos volvamos a encontrar. Amén

*El tiempo es una
entidad maravillosa
que puede mostrarnos
lo que realmente
importa.*

Mi mascota ha fallecido

Dios mío
Hoy, mi mejor amiga pasó a tu
amor.
Mi corazón está roto y extraño a
mi (nombre de la mascota)
Amaba a ese amigo peludo
(emplumado) con todo mi
corazón.
El amor y el consuelo que me
devolvieron fueron infinitos.
Dios, por favor, cuida de mi
muy amado amigo.
Mantén a salvo a mi amigo como
lo haces con todas tus criaturas.
Hasta que podamos compartir
otro abrazo y me reencuentre
con mi mejor amiga. Amén

Amar es atravesar
Todas las
grandes cosas
juntas.

Amarme a mí mismo como Dios me ama

Que me vea a mí mismo
como Dios me ve.
Y confiar en la visión de Dios
para guiarme en todo lo que
hago.
Ser una bendición en este
mundo, amoroso y cariñoso.
Confiando siempre en
aquellos que guían mis
caminos.
Ser guiado como Dios quisiera.
Para verme a salvo en la vida y
en el viaje.
Bienaventurados siempre en
el amor de Dios. Amén

*Porque de tal manera amó Dios
al mundo, que dio su*

*Hijo unigénito, para que
todo aquel que en él cree,
no se pierda, sino que
tenga vida eterna.*
Juan 3:16

Mi Trabajo,

Querido Dios,

Que el trabajo que hago sea siempre una bendición.

Que enriquezca mi trabajo y sea una bendición para mis compañeros de trabajo.

A medida que todos prosperamos y somos guiados a hacer un trabajo bueno y amoroso.

Rezo para que la gerencia sea guiada en sabiduría y amor. En agradecimiento, estoy agradecido por este trabajo amoroso que hago.

Amén

Eres amable,

eres

inteligente

Eres tan hermosa,
eres fuerza.

Y tú eres mi amigo.

Protección

*Rezo por el amor de Dios a mi
alrededor.*

*Mientras conduzco por las carreteras y
vivo mi vida en casa.*

Como disfruto cada día y todo lo que hago.

*Que los ángeles siempre me rodeen y
sean mi guía y protección dondequiera
que esté.*

*Que mis seres queridos estén siempre
a salvo y que nuestros viajes en la vida
estén rodeados de ángeles.*

*Mientras rezo por amor y protección
dondequiera que voy.*

Y así es.

*Dios tiene cuatro dones
para ti: Una solución para
cada problema, una luz para
cada sombra oscura, una
mano para guiar tus pasos,
una paz puesta en tu
corazón.*

Camina por un camino mejor

Dios mío
Mi vida ha estado llena de
conflictos y turbulencias.
Por favor, ayúdame a
caminar por un camino
mejor.
Que pueda ver tu luz en todo
lo que hago.
Y que tu luz guíe mis pasos
a lo largo de mi camino.
Que camine sin miedo, y
sea cada día más fuerte.
Más rico de corazón y
alma.
Libre   de   conflictos
inconscientes. Puedo ayudar a
mis semejantes.
Caminar siempre contigo.
Mientras oro para caminar por
un camino mejor. Amén

Para conocer mi

valor, querido Dios,

*Cuando no me siento
amado e indigno de
amor*

*En mi momento de
desesperación, rezo para sentir
tu mano.*

*Una mano para levantarme y
mantenerme erguido.*

*Es una mano que necesito
desesperadamente.*

*Una mano para abrazarme en un
mundo en el que me siento
perdida.*

*Un mundo que dejaste de una
manera tan dolorosa.*

Para darme un mundo en el que vivir.

Un mundo lleno de árboles,
flores y pájaros que cantan.

*Una belleza para recordarnos
que nunca te fuiste.*

Todo es tuyo, como yo también lo soy.

*Querido Dios, guíame a
través de estos*

*momentos para elevarme a la
esperanza y no volver a
desesperarme.*

Y así es.

No dejes que el

comportamiento de

los demás destruya

Tu paz.

–Dalí Lama

Comparte

tus

conocimien

tos.

Eso

Es una

forma de

alcanzar la

inmortalidad

.

–Dalí Lama

Sobre el autor

Mary-Eisa creció en Nueva Inglaterra y comparte su maravillosa exploración de Massachusetts y Maine a través de sus libros. Su amor por la naturaleza, la oración y Dios inspira todos sus libros.

Su primer libro, El perdón y las oraciones, comparte su amor por la oración y el poder del perdón, mientras que este nuevo libro, Encontrando la bondad de Dios, continúa ese mismo viaje con la profundidad del amor y la naturaleza. La historia de su vida ha inspirado a todos sus lectores, mientras que su trabajo mundial en oración continúa su viaje para inspirar y aprender la devoción de la oración para atender nuestras almas y familias del mundo.

Es su oración inspirar a otros a sentir la belleza de la fe con la presencia y el propósito de Dios en todo en nuestra vida

BIBLIOGRAFÍA

Mahmud Shabistan Poeta del siglo XIV. El budismo Hua-Yen, la joya de Indra por Francis H. Cook

Elizabeth Barret Browning, poetisa victoriana (1806-1861) extracto del poema Aurora Leigh

Ralph Waldo Emerson, ensayista, conferenciante y poeta estadounidense del siglo XIX. (1803- 1882)

Henry David Thoreau, naturalista, ensayista y poeta estadounidense del siglo XIX. (1817-1872)

Jalaluddin Rumi poeta persa del siglo XIII, místico sufí. (1207-1273)

Albert Einstein, físico teórico nacido en Alemania, (1879-1955)

Gandhi Abogado indio, nacionalista, especialista en ética política. (1869-1948)

Carl Gustav Jung, psiquiatra y psicoanalista suizo, (1875-1961)

Surah Al-Waq, Corán versículos 56-71

Angelus Silesius, sacerdote católico
alemán, médico, místico, poeta religioso.
(1624- 1677)

San Juan de la Cruz, sacerdote católico
español, místico. (1542-1591)

Mahmud Shabistan Poeta del siglo XIV. El
budismo Hua-Yen, la joya de Indra por
Francis H. Cook

Elizabeth Barret Browning, poetisa
victoriana (1806-1861) extracto del poema
Aurora Leigh

Ralph Waldo Emerson, ensayista,
conferenciante y poeta estadounidense del
siglo XIX. (1803- 1882)

Henry David Thoreau, naturalista,
ensayista y poeta estadounidense del
siglo XIX. (1817-1872)

Jalaluddin Rumi, poeta persa del siglo XIII,
místico sufí. (1207-1273)

Albert Einstein, físico teórico nacido en
Alemania, (1879-1955)

Gandhi Abogado indio, nacionalista,

especialista en ética política. (1869-1948)

Carl Gustav Jung, psiquiatra y
psicoanalista suizo, (1875-1961)

Surah Al-Waq, Corán versículos 56-71

Angelus Silesius, sacerdote católico
alemán, médico, místico, poeta religioso.
(1624- 1677)

San Juan de la Cruz, sacerdote católico
español, místico. (1542-1591)

A muchos, deseo agradecer este libro. Es con tanta gratitud que he tenido la bendición de escribir desde el corazón y a través de la imaginación de la naturaleza y de todos los que han participado en este viaje de vida. Si hay historias que contar, es por las impresiones recibidas de todos esos bellos seres sobre nuestra vida cotidiana. Gracias.

Estoy disponible en: www. María-Eisa

El ministryofletters@att.net

Este es mi ministerio, donde he continuado
mi trabajo en todo el mundo. Es una gran
alegría ayudar y trabajar con otros que
necesitan un momento brillante en su vida.
No puedo resolver los problemas de las
personas, pero tal vez pueda agregar un
rayo de luz y oración para ayudar en un
momento de necesidad. Es un honor para
mí hacerlo.

www.ingramcontent.com/pod-product-compliance
Lightning Source LLC
Chambersburg PA
CBHW011229120626
46549CB00008B/3194